U0513248

年

轮

结实的经验是人生的馈赠

它将你我连接起来

刘涛 张宏伟 著

健民的账本

1952 ~ 1993

一位老共产党员的数字人生

社会科学文献出版社
SOCIAL SCIENCES ACADEMIC PRESS (CHINA)

健民和夫人上官双俊的合影。在其账本中，健民一直称
妻子为"双俊同志"。

健民夫妇和部分子女的合影。健民自谓平生"一辈儿女数架书"，他一生共养育有11个子女，其中两个孩子夭折，另外9个子女都由健民和妻子上官双俊共同抚育成人。因为家庭人口多，虽然健民夫妇月工资260余元，但仍需精打细算，量入为出。

1949年是健民人生中的高光年份，多年期盼的胜利接踵而至，直至中华人民共和国中央人民政府成立而达到高潮。与胜利同时到来的是与同志的告别。上图为健民（前排左2）与同志们送别县委书记刘舒侠时的合影，张健民为刘舒侠的继任者。

票据中的物质生活和精神生活。

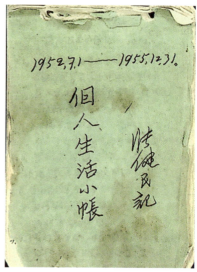

健民的账本，从1952年记录到1993年。

序

2021 年是中国共产党成立 100 周年，10 月，62 万字的《一个老共产党员的生活账》（以下简称《生活账》）由三晋出版社正式出版发行，即刻引起学术界等社会各界的关注。我应该是第一批看到该书的读者之一。先睹为快，既为账册主人老党员张健民的家国情怀所感动，又为发现及整理者刘涛的有心和用心而感慨。记得第一时间看过该书后，我即向有关部门写信力荐，阐述了我的基本认识。

这些天，我的案头置放着又一册《健民的账本——1952~1993，一位老共产党员的数字人生》校样，作者为刘涛和张宏伟，我同样是先睹为快。《生活账》是张健民以日记形式记录的 41 年的家庭收支情况，属于通常所谓的第一手资料；《健民的账本》则是对张健民账本的第一次系统研究，属于目前流行的"非虚构写作"。发见者、整理者、研究者"三位一体"。前后两书，珠联璧合。

山西百姓记账素有传统，无论红白喜事，还是盖房建屋，或是做小买卖，或是生活开销，都会把收支账目记下来，家家户户都有好几本账。这些账本能够保存下来，非常珍贵、非常难得，是百姓生活的真实记录。往远处一点说，明清时期，辉煌一时的晋商的经营细节都体现在账本中。丰富多样的晋商账簿，不仅展现了晋商的经营方式与经营规模，更体现出晋商重视成本核算、善于精打细算的经营理念。当年梁启超倡导新史学，即认为"在寻常百姓家故纸堆中往往可以得极珍贵之史料"，并举例说："一商店一家宅之积年流水帐簿，以常识论之，宁非天下最无用之物？然以历史家眼光观之，倘将同仁堂、王麻子、都一处等数家自开店迄今之帐簿，及城间乡间贫富旧家之帐簿各数种，用科学方法一为研究整理，则其为瑰宝，宁复可考？"张健民的家庭生活账，可视为近年来的一个新发现，当有重要的整理、研究价值。

宽泛一点讲，无论是商业账册、村社账册，还是家庭生活账册，都是百姓在日常生产、生活和社会交往过程中为了某种目的而留下的凭据和记录，真实反映了当时社会的政治、经济、文化状况和人们的日常生活、人际交往、家庭关系、个人遭遇等。可供社会学、历史学、民俗学、教育学、语言学等学科研究、参考，具有多学科的研究价值。

张健民是一位优秀的中国共产党党员干部，也是一位工作、生活非常严谨细致的普通人。从1952年7月起至1993年5月止，每天生活收入支出，无论是买葱买蒜，还是买针买线，他都一一记录在册。12个小本子，记录了半生的生活花销。既有作者买书的书账，又有买烟的烟账，还有看电影、看戏，洗澡、理发，教育子女的费用，真是一部个人生活的"起居录"，真实再现了一个家庭在太原生活41年的吃、穿、用、住、行的全部花销明细。这41年来"柴米油盐酱茶烟"无所不包的家庭收支情况展现了一幅普通干部家庭的生活变迁图景，也是同时期中国社会发展变迁的历史缩影。一个人在某个地方的生活账，其实也是那个地方的"集体记忆"，甚至是某个阶段中全体中国人的记忆。这些账本，不仅是个人及家庭生活印痕，一定程度上也是太原人乃至中国人生活的一个记录。从这个意义来说，这个账本不是属于他个人的，而是生活在那个时期的所有中国人的集体记忆和精神财富。张健民的家庭账，对中华人民共和国成立后直至20世纪90年代太原城市的经济史、社会史、百姓生活史、风俗史等诸多方面的研究均有相当的参考价值。

本书作者刘涛、张宏伟虽然不属于"学究"眼中的"学界之人"，但他们对区域社会史和微观史研究现状的认识和把握也很到位。在他们看来，20世纪90年代后，史学界开始流行区域社会史理论，这种理论发端于20世纪法国的"年鉴学派"，主张多学科或跨学科地研究历史，不追求政治史的宏大叙事，而是眼光向下，注重地方性知识，从一个家族、一个村庄，一个地区入手，进行个案研究。与传统的史学相比，区域社会史有两点不同：一是大大扩展了史料的范围，传统史学弃之不顾的乡邦文献，如契约、档案、账本、书信、宗教科仪文书以及口述资料，都在搜集之列，每件事物都是证据；二是革新了研究方法，强调历史学与社会学、人类学的亲缘关系，注重田野调查，重视地方性知识，以民间文书、实物碑刻、民俗乡情证史。

在我看来，刘涛、张宏伟合著的这本书，通过小切口来展现大视野，把账本和时代结合起来，与张健民的人生阅历融为一体，深入考察、研究了账本所处的时代及其账本主人的家庭及人生经历，下了一番苦功夫，写得很是细致深刻。对于如何利用这类民间文书，尤其是利用那个时代的家庭账本进行"非虚构写作"，是一个积极而有意义的尝试，完全可以登大雅之堂。

特别值得一提的是，刘涛同志不仅是一位读书人，而且是爱书人、藏书人。十多年前，他就是太原有名的南宫旧书市场的一位摊主。我想，正是这样一种经历，练就了他广泛的收藏人脉和独到的收藏眼光。否则，张健民的生活账这样看来很不起眼的流水账，很可能已经"灰飞烟灭"。

近年来，账册、档案、契约、书信、日记等民间文书的发现与整理与日俱增，相关研究也在与日俱增。对于此类民间文书的研究方法及其价值与意义，学术界还在探索。其中的一个经验是，我们应该特别注重此类民间文书的归户性，只有进行田野调查和实地考察，才能对账本一类的民间文书所反映出来的社会现象有更为深入的理解。相对于传统的历史学研究，我更期待学界从这类文书出发，对个人生命史和民众生活世界进行深入研究。

以上所述，皆为粗读两书之后的一点感想，以此就教于作者刘涛及张宏伟，亦就教于读者诸君。

行　龙

2023 年 6 月 6 日于山西大学中国社会史研究中心

目　录

偶然发现账本　// 1

　　南宫市场有宝　// 3

　　故纸温度　// 6

　　寻找健民　// 11

健民其人　// 23

　　求学之路　// 25

　　抗战烽火　// 29

　　十二月事变　// 32

　　不说假话　// 41

账本里的物质生活与精神生活　// 55

　　从津贴到工资　// 57

　　收入与支出　// 64

　　第一套人民币　// 72

　　家有数架书　// 78

　　香烟不离手　// 91

　　回乡觅食　// 101

　　物尽其用　// 107

特殊十年　//110

特志不忘的瞬间　//116

一车"烧土"　//118

车轮上的太原　//124

革命家庭的似水流年　//131

上官双俊同志　//133

一辈儿女　//138

丧子之痛　//160

对多子女的反思　//164

一家人的娱乐　//173

亲戚们　//182

邻里之间　//187

账本里的时代印痕　//195

下放安泽　//197

被偷与"严打"　//205

接待日本佛教恳亲访华团　//209

与李蓼源的交往　//212

接待商震一家　//216

为董清汉平反　//221

告　别　//228

遗　产　//232

尾　声　//236

偶然发现账本

南宫市场有宝

我在山西省会太原生活多年，业余时间对收藏旧纸片情有独钟，也对太原的一些古玩市场比较熟悉。比如开化寺古玩市场、文庙古玩市场、大营盘古玩城、山西文联"晋宝斋"以及近来太原城南、城北新建的精品古玩城。但其中最热闹、最接地气的，还要数太原南宫旧货市场。每到周末，四方旧货商人云集于此，市场上人声鼎沸，热闹异常。

2007 年至 2012 年，我是太原南宫旧书市场的一位摊主，利用周六日摆摊卖书，借此贴补家用。后来我意识到，老旧书籍本身所蕴含的文化价值，要比它自身的经济价值更重要。于是，我从卖二手旧书，转而收藏二手旧书，以及民国名片、戏单、民间书信、日记、杂字①、账本等各类"旧纸片"，附带对其进行研究。

我一直订阅《藏书报》，经常看名人书信收藏家方继孝先生发表收藏名人信札的文章，受方先生的影响，有一段时间，我特别着迷于名人书信的收藏，但总是收获甚微。一是名人书信不好判断真假，不敢轻易出手；二是名人书信要价很高，属于工薪阶层的我，经常因囊中羞涩而无缘

---

① 杂字即把各种常用字缀集成韵，以便于记诵的字册。

收藏。

2012年2月份，我在南宫旧书市场以很便宜的价格收集到包括吕叔湘、许国璋、朱德熙、李荣、黄伯荣、唐作藩、徐通锵、叶蜚声、吉常宏、何九盈、郑张尚芳、胡明扬、殷焕先、潘家懿、侯精一等众多当代语言学家的私人书信三千多封，他们多是各个语言研究机构和高校中的语言学教授，此外，还有一部分日本、法国汉学家的私人书信。这批书信成为我的"纸趣居"（我的斋名）的"镇馆之宝"。

收藏并不是将物件收集起来后便束之高阁，只在闲暇时独自品味、自赏自乐，而应进一步对其进行研究和整理，才有意义和乐趣。我目前已经出版了几本专著，都是对故纸进行整理与研究的成果，比如《山西话剧档案》《山西杂字藏谈》《山西杂字辑要》等。收藏不仅丰富了我的业余生活，著书立说更平添几分成就感。

2015年的一个周末，我像往常一样去逛太原南宫旧书市场。正好书友成金旺先生刚刚收到一批资料，共有两大纸箱，其中有各种文件、手稿等。翻看半天后，我的目光停留在了一堆小本子上。这些小本子一共12册，除两本为纸面手工装订以外，其他10本都是塑料封皮。在这些小笔记本里，主人用钢笔整整齐齐地记录着一行行文字，那是太原一个普通家庭日常生活的收支账目。而账本记录所涵盖的时间，从1952年7月一直到1993年5月，前后长达41年。

我对这些账本很感兴趣，便问成金旺先生价钱，他一口价说 800 元，不搞价。成先生这样开价，我并不感到惊讶，因为他眼光独到、门路颇广、收藏甚富，是经营纸品收藏的行家里手，在太原南宫旧书市场也是能数得上的。我曾专门去他设在太原狄村南街六号茂盛装饰城里的店铺兼库房参观过，那里满满一房子的藏品，多是难得的地方文献史料。成先生在"孔夫子旧书网"上经营的旧书店"山西学府藏书阁"也很有特色，生意做得风生水起。

成先生开了个死价，没有一点回旋余地，但因为喜欢，也深知这些账本的价值与意义，我便毫不犹豫地花 800 元钱购入。但现在想想还是很后悔，因为当时没有把两大箱子资料全都买下。收藏讲究资料的完整性与系统性，从这个角度来讲，只买上 12 册账本，不能不说是我的一个短见。这个失误，也使得我此后在寻找账本主人的工作上，花费了更多的时间。

我花费近一年的闲暇时间，把账本内容逐字录入到电脑。最后经过统计，发现字数竟有 40 余万之多。账本主人经过 41 年不间断记录，形成这 40 余万字的民间档案资料，就静静地栖身在 10 个普通塑料封皮和 2 个纸面的小笔记本之中。这些账本中记录的内容林林总总、类型庞杂，既有账本主人一家的工资收入，也有家庭日常的各项支出，无论是买葱买蒜还是买针买线，不管是买书的书账还是买烟的烟账，以及看电影看戏、洗澡理发、教育子女的费用，账本主人都事无巨细地一一记录其中。

账本中记录的"烧土""粮票""布票""黑白电视机""半导体""宝塔糖"等名词既是生活，也是记忆，更是那个时代的烙印。在这41年里，账本的主人记录了自己在山西太原工作、生活中的种种细节：孩子们次第出生、上学、参军、就业、成家，并有了第三代……而账本主人在孩子们逐渐成家立业的过程中，生命之树也逐渐凋零。在记账的后期，也就是1980年代末1990年代初，账本中开始越来越多地出现账本主人参加葬礼、追悼会的记录。逝者中既有他的亲人，也有他曾经的战友、同事。在一次次送别熟人的过程中，账本主人也迎来了他生命的最后时刻。

那些密密麻麻的数字，承载了一个普通中国人以及他所有家人的生命印迹。也许在不经意间，账本主人把一串串文字和数字，化作顺着"时光之树"枝干流淌而下的"树脂"，将他及家人彼时彼刻的生命状态，以及所生活其中的社会，永久地包裹在其中。斗转星移，历经岁月洗礼，这些账本所蕴含的社会学、历史学意义，最终以"文化琥珀"的形态，呈现在了我的面前。

故纸温度

民间文书是日常生活中人们在具体的生产、生活、社会交往等过程中，为了某一目的而形成的原始凭据、字据和记录，种类繁多，浩如烟海。流散于社会上的各种民间文书，包括日记、笔记、记录、信函、小报、账册、课本等。民间文书反映社会底层的政治、经济、文化状况和日常生活、人际交往、家庭关系、个人境遇等内容，为人们提供了记录社会基层历史变迁的原始资料。

早在 1925 年，王国维先生就曾指出："古来新学问起，大都由于新发现。"[①] 在中国文献史上，民间文书是继殷商甲骨、汉代简帛、敦煌文书、明清档案之后的又一大发现，一般人眼中的陈旧故纸，具有非常重要的多重文化价值。

现当代史料通常有几类，一是官方档案文献，二是口述或回忆，三是影像或录音，四是民间记录的各种文字材料。在所有的这些史料当中，官方档案的形成、留存和开放，都难免会受到时政的影响；口述、回忆史料因时过境迁，加之当事人的主观意向和记忆误差，也极易造成对历史的误读；至于影像、录音之类的史料价值，也有其局限——虽能保存声音和图像，但不适宜保存复杂的史料和数据。因此，现当代史料中数量庞大，也能真切反映社会当时各种情况的，恰恰是这些民间史料。

历史研究，关键在史料。昔日傅斯年先生论历史学研究方法，曾有一句很形象的名言，"史学的对象是史料……史学的工作是整理史料"。[②] 也许有人不认同这一说法，但

---

① 姚淦铭、王燕编《王国维文集》第四卷，中国文史出版社，1997，第 33 页。
② 傅斯年：《史学方法导论》，上海古籍出版社，2019，第 19 页。

是无法否认，史料学是所有历史研究的起点，不管你以怎样的历史观来研究历史，无一例外，都要从史料出发。地方史在中国历史研究中意义如此深广，资料的搜集整理，自是重要的基础工作。

20世纪八九十年代后，史学界开始流行区域社会史理论，这种理论发端于20世纪法国的"年鉴学派"，主张多学科或跨学科地研究历史，不追求政治史的宏大叙事，而是眼光向下，注重地方性知识。从一个家族、一个村庄、一个地区入手，进行个案分析研究。与传统的史学相比，区域社会史有两点不同：一是大大扩展了史料的范围，传统史学弃之不顾的乡邦文献，如契约、档案、账本、书信、宗教科仪文书以及口述资料，都在搜集研究之列，每件事物都是证据；二是革新了研究方法，强调历史学与社会学、人类学的亲缘关系，注重田野调查，重视地方性知识，以民间文书、实物碑刻、民俗乡情证史。

民间收藏中一个大的门类——"纸品"，蕴含着社会史、区域史的丰富信息。"纸品"种类繁多：邮票、纸币、粮票、照片、广告、烟标……均在其列。"纸品"也叫"旧纸片"，它们占地不大，不太与生活争空间，研究起来也很有趣味。我的收藏涉及各种各样的"旧纸片"，比如民国名片、戏单、民间书信、日记、账本、烟壳等，其中书信和账本是我"旧纸片"收藏中的两大门类。

民间书信是社会个体与家庭、亲友、朋友间的对话和联系。历史说到底是人的活动，而人的活动中，书信是最真实、最无遮拦的透露情感的交流形式之一。亲友间的书信，能够真实地透露那些在漫漫人生路上漂泊、奔波之人的喜怒哀乐。而这样的书信，实际上是最难保留下来，也最不容易进入"历史"的东西，可它又是市井生活的见证。它们历经重重历史烟尘和磨难，还能留存下来，不能不说是一种奇迹。那些带着体温的书信，能让我们离曾经的岁月沧桑更近一步，对过去的事有更具体、更亲切与更深入的体会。

许多书商知道我喜欢收集书信，便不断地给我推荐他们收集回来的民间书信。至今我已经收集到从民国到中华人民共和国成立之后的一百多个家族的书信。书信的来源分布全国各地，还有从国外寄回来的多组家书，一个家族相关书信少则几百封，多则上千封。每一组书信都是一个家族真实的往事记录，其中往往蕴含精彩的人生故事。

之前，对于怎么发挥这一百多个家族书信的社会价值，我很是懵懂的，有点束手无策，往往收集到手后，看过一遍，便把它们束之高阁。后来我受山西作家赵瑜作品《寻找巴金的黛莉》（人民文学出版社，2010）和自由撰稿人云从龙作品《明星与素琴》（东方出版社，2017）的影响，渐渐找到了使用这些书信的方法与途径，那就是在对一批家族书信展开研究的基础上进行非虚构写作，通过一个家族的书信，梳理出一个家族的陈年往事，进而折射出一个时代的沧桑巨变。

2021年，我和朋友百合选择了一组从香港寄回上海的书信，开始尝试进行非虚构写作。这组书信是 2013 年 10 月份我在上海戏剧学院学习的时候，利用周末去上海文庙淘书而收藏到的，是一位居住在香港、名叫素锦的女子，与她居住在上海的妹妹及子女的往来通信，时间跨度从 1956 年到 1976 年，前后长达 20 年，总计 326 封，40 万字。这批家信真实记录了一个女子在香港生活的悲欢离合、喜怒哀乐。我们共同设定写作篇章架构，由百合执笔写出《素锦的香港往事》。书稿原本是我的朋友张元卿先生主持的"微香港"丛书中的一部，后因项目下马，我们又联系读库的张立宪主编，发表在 2022 年《读库》第一期，受到读者的关注与好评，给了我们很大的信心与鼓励。

除了民间书信，我的另一个收藏兴趣点是账本。山西人素爱记账，从大的方面说，晋商的经营秘诀和特点，就体现在各种名目的账册当中；从小的方面说，就算是普通家户，家里也会有好几种账册——建房盖屋要记账，种地养殖要记账，办白红喜事有礼账，相互借钱借物要记账，日常生活开销也要记账。过去，一般大户人家都设有账房，专门雇人记录家庭的各类收入与支出。这些账本保存下来，便成为珍贵的家族档案和别具特色的社会史料，为我们还原不同时代市井百姓的日常生活细节，提供了重要参考依据。我本人对这些账本特别感兴趣，收集多年，积攒了不少各个时期不同家族的各类账本百余册。这些账本反映和折射出主人家的经济生活、人情往来、社会交际。它们书写于当时，事后不曾更改、涂抹，是市井生活的真实记录，也是社会生活史的珍贵史料。

我在南宫市场发现的这批账本，其记录者以一己之力，为1952年到1993年间的太原人做了翔实的日常生活与消费的记录，其账本是太原人集体记忆的载体。这些账本还是亲情的载体、家风的见证，相信账本主人的亲人们如果能够看见它，会有更多切实的感受。因为他们是这些账本所记录生活的参与者、亲历者。这些账本本应该成为传家宝，代代流传下去的，但不知何因，却流落到了旧书市场。

既然上天让我有缘得到了这些账本，那么寻找到账本的主人及后代，并把它整理出来，使之能够重见天日，并在账本主人的后代家人甚至社会大众之中流传下去，或许就是我应尽的责任了。

寻找健民

这批账本封面署名有"张健民"字样，想来这个"张健民"就应该是账本的记录者和所有者。现在网络查找信息非常方便，若是名人的相关信息，更是好找。我在电脑输入"太原张健民"五个字，一搜索，便出现了第一条结果：

张健民（1920.12~2013.07.28），男，汉族，河北正定县人，中国共产党优秀党员，中共山西省委原常委、山西省副省长，山西省委原常委、政法委书记，山西省人大常委会原副主任、党组副书记。2013 年 7 月 28 日 8 时 35 分，张健民同志因病医治无效在中国山西太原逝世，享年 93 岁。

难道这是一位副省长的生活账？我不能确认，又继续搜索，接着又查询到了另一条结果：

张健民，字仲芳，1916 年 2 月出生于山西省阳城县大宁村。1938 年参加了中国共产党，1949 年 8 月任阳城县委书记。新中国成立后，历任中共长治地委秘书长，地委统战部副部长，省委统战部办公室主任、秘书长，省政府对资改造办副主任，省革委统战办公室副主任，省政协副秘书长，山西省地方志编纂委员会办公室副主任。1984 年离休，1993 年 5 月 20 日病逝于太原，享年 77 岁。

两个张健民，而且都是有过在山西省任职经历的高级干部。从账本记载的结束时间看，其主人与第二位张健民生平经历更为吻合。

我继续在网上搜索关于阳城张健民的更多信息。寻找过程中，有一本书引起了我的注意，它是阳城县政协文史资料研究委员会编纂的《峥嵘岁月——张健民同志专辑》。

直觉告诉我，这本书或许能够给我对这批账本的研究提供很大的帮助，于是立刻订购了一本。

书寄到家后，我迫不及待地打开翻阅，果然有了新发现！书中关于张健民先生的生平信息有非常详细的记载，特别是关于他平常记账的情况，他的几个儿子在纪念文章中均有回忆：

> 从我记事起，他每天的日常生活开支全部用工整的小字记录在案，这些小账本，堆积起来可能要一人多高。①
>
> 爸爸从小生活在人口众多的大家庭，艰难的生活养成了他俭朴的生活作风与习惯，爸爸坚持记录生活收支流水账，每月收入支出细则一一详细记录，所有购置物品的发票、单据都保存完好，来有源，去有踪，明明白白，一清二楚，给我们留下深刻的印象。②
>
> 父亲少年贫寒，建国后子女众多、生活拮据，养成了精打细算的习惯。"文革"前，全家9个子女，连同父母共11口人共同生活在一起，艰难程度可想而知。日常收入开支，父亲都有详细记录，张弛有度，安排有方。③

① 张整魁：《无尽的追思》，《峥嵘岁月——张健民同志专辑》，山西省阳城县政协文史资料研究委员会编印，2003，第186页。
② 张书魁：《爸爸永远在我心中》，《峥嵘岁月——张健民同志专辑》，第192页。
③ 张炎魁：《心中的丰碑，无尽的怀念》，《峥嵘岁月——张健民同志专辑》，第209页。

至此，我大致确定了账本的主人，他应该就是曾任山西省政协副秘书长的张健民先生。

接下来的问题是：张健民先生为什么要记账？为什么记账的时间节点是从1952年开始？随着研究的深入，我慢慢地找到了答案。

对于父亲张健民从1952年起开始记账的原因，三儿子张书魁在回忆文章中曾提到过一些，加上我的分析，最终认为原因可能有两点：第一，当时国家干部刚刚实行工薪制，每月有了固定的货币收入，而张健民先生对一家生活的安排，需要以记账的方式来辅助进行；第二，那时刚刚经过了"三反""五反"运动，其间张健民先生还曾因领取养子李阳生的烈属补助费一事被人告状，所以行事更加谨慎小心。此时张健民刚刚从中共阳城县委书记的岗位上，调任长治地委任秘书长。记流水账的选择，也许体现了他这个老共产党员对中央重大决策的敏感与不折不扣的执行态度。作为一个一生谨慎、克勤克俭、对党忠诚的老党员，张健民先生把一分一毫收入与开销都记录在案的行为，以及将所有购置物品的发票、单据都保存完好的习惯，体现的是他清清白白做人的人生追求，和对党的政策坚决的执行态度。

我花了几年的时间对这批账本进行研究，大致厘清了眉目，但若想进一步研究，就必然涉及整理账本中人物的关系，探究张健民先生的工作、家庭情况。而这些情况多涉及个人隐私，所以必须事先征得其家人同意。

我最早开始联系张家后代是在 2018 年，那时距张健民先生过世已经 25 年，他的妻子上官双俊是否在世我当时也不太清楚（后来才知道上官双俊老人在 2008 年也过世了）。张健民的 9 个儿女分散生活在山西乃至全国各地。按照账本中记录的孩子们的出生日期算，长女张志琳当时已经 70 多岁，最小的孩子张炎魁，应该也 59 岁了。对我来说，显然是从太原本地寻找张健民先生的后代更为方便一些。那本《峥嵘岁月——张健民同志专辑》帮了大忙，因为书中有张健民先生四个儿子的任职单位等信息。

我首先通过熟人，经一番周折找到了在山西省烟草局工作的张殿魁先生的手机号码。他是张健民先生的五儿子，在 9 个兄弟姐妹中排行老七，1956 年 10 月出生，2018 年时已经 62 岁。但联系了一个多月，我都未能打通殿魁先生的电话，后来知道他当时在美国照看孙辈。几经辗转，我与张健民先生的小儿子张炎魁先生建立了联系——他之前在太原市民族宗教事务局工作，后来调到太原市委台办。终于约好了和张炎魁先生的见面时间，此时距离我第一次发现张健民先生的账本，已经过去了 3 年多的时间。

张炎魁先生于 1959 年出生，2018 年时 59 岁。他比姐姐张薇荣小 1 岁，比大哥张整魁小 15 岁。薇荣和炎魁姐弟二人在幼年成长最需要营养的时候，遭逢三年困难时期，所以炎魁先生从小便体弱多病，这一点从账本中就可以看出。1959 年到 1961 年间，张健民先生带着这两个孩子去医院看病的记录特别多。每隔一段时间，账本中必定出现

"带薇荣看病"或"给炎魁买药"这样的记录。

如约与张炎魁先生见面后，我先简要叙述了账本收藏的经过以及研究计划，他对此很感兴趣，很快便把我的计划向其兄长们进行了转达，并得到了他们的回应。健民先生的几个儿子都认为，能够有人研究父亲的账本并纳入出版计划，是一件有意义的好事。

长子张整魁是最令父亲骄傲的儿子。他1944年出生，2018年时74岁，基本与父亲张健民去世时的年龄相当。整魁先生从小学习优异，1963年考上了中国人民大学，毕业时正赶上"文革"开始，于是被分配到新疆生产建设兵团支援边疆建设。1975年，他从部队转业到北京，开始在中央人民广播电台做编辑、记者。1980年，又被调到刚刚恢复的国务院侨办工作。1985年，作为深圳华侨城的创建者之一，整魁先生在深圳沙河荒凉的土地上，和同事们共同建设一个向全世界及海外侨胞展示改革开放成果的窗口。他也是华侨城集团唯一从筹备一直干到退休的领导班子成员。因为父亲账本的事，整魁先生专门给弟弟炎魁写过一封长信，认为父亲的一生及其"以笔耕和书籍为主的遗物，不仅是家庭的精神财富，更是老一辈共产党人的写照和见证"。

张健民先生的三子张书魁也认为，研究和整理父亲的账本"实属难得，历史就是从个人细微生活中体现的。像爸爸的生活收支账本难得一见，体现时代的脉搏变化，能有有心人专注于此，善莫大焉！"

在张健民先生后人的鼓励下，我信心大增，继续对这批账本进行校对、整理、研究。按照逐渐明晰并成熟的计划，我对这批账本的研究、整理大概分为三个阶段：

第一阶段，把账本整理完善、录入电脑、印刷成册。除了做一些必要的注释外，账本中的内容原封不动，作为家族史料和档案，内部印制留存，并赠送张健民先生的后人每家一套（只收取为此付出的成本费）。这样保存家族史料，不仅是对先辈的怀念，也保留了家风、传承了先人的精神，对健民先生整个家族而言，无疑具有重要的纪念价值和传承意义。

第二阶段，通过中共山西省委党史研究院（山西省地方志研究院），对原有账本内容进一步整理、完善，由三晋出版社以《一个老共产党员的生活账》为题出版，分为上下两册。此书作为山西省委党史研究院奉行"存史、资政、育人"出版理念的优秀编研成果，于2021年获评中宣部"主题出版重点出版物"。当时全国共有1934种图书出版物参评，只有145种入选。在山西省，当年只有3本书入选，《一个老共产党员的生活账》便是其中之一。

第三阶段，就是此次对账本进行更进一步的整理研究。通过挖掘账本内外的信息，用微观史学的研究及写作方法，梳理、研究原本单调无趣的家庭收支账目，在讲述张健民先生这个普通中国人一生故事的同时，展现新中国成立前后波澜壮阔又充满曲折的发展历程。

我对张健民先生记录的这些账本的研究，是一个由浅入深、从粗到细、由表及里的过程。从一开始逐年、逐月地大致翻阅，到后来逐日、逐条地深入研读，直至最后逐句、逐字甚至逐标点"显微镜式"地进行分析。随着研究的深入，我不但了解了张健民先生的人生历程，也慢慢熟悉了他的脾气秉性乃至性格成因，同时也逐渐熟悉了他的每一个家人。

梁晓声先生的小说《人世间》用生动的文字和深沉的感情描摹了中国普通百姓历经数十年的悲欢离合。与之相比，健民先生记录的这些家庭账本中，或许只是一条接着一条毫无感情也毫无逻辑的数字记录。但这些看似被抽离了感情和情绪、无喜无悲的数字，同样生动丰富地展现了一个普通中国家庭40余年所经历的世事沧桑、悲欢离合，以及这个国家所经历的社会变迁、观念更迭。所以，我愿意把这些账本视为"数字版"的《人世间》。

在写作的过程中，我逐渐发现，把健民先生多达40余万字的账本重新梳理并将之系统化，其实是一个很困难的工作。因为我要面对的，都是冰冷的、毫无感情色彩的数字记录。这和研究民间私人书信、日记有本质的不同，因为私人书信、日记中蕴含着大量直接的信息，那些信件、日记的主人，会如同给他人讲故事一般，将当时的历史背景、自己的喜怒哀乐统统诉诸文字。但账本中的数字不会直接告诉我张健民先生在记录它们时的喜怒哀乐、所思所想，也不会自动呈现张健民先生记账时的社会背景。但从另一个角度，账本又是最真实的。健民先生在41年里持之以恒，把一分一厘的花销都记录在册，没有呆账、乱账，账本构成了一部个人生活及其所经历的社会生活的信史。

我需要挖掘这些数字背后隐藏的历史背景，逐渐将其还原并构建出一个喧嚣且真实的市井社会，一个张健民先生及其家人曾经生活其中的市井社会。与此同时，我还要探寻张健民先生的人生轨迹，尽可能真实地还原他一生所遵循的道德理想、生活理念。如此，也算不辜负张健民先生曾存在于这个世界的一生。

在本书写作过程中，我借助于账本、回忆录、书信等相关资料，以及对健民先生后人的采访，对健民先生的一生经历进行研究、发掘，力图还原一个普通中国人的物质生活和精神世界，重现他曾经的所思所想以及所作所为。随着资料的不断充实，我逐渐产生了一种穿越时空的奇妙感觉，通过这些数字的指引，我穿越时间、穿越空间，重新回到了 100 年前的中国，回到了健民出生时的乡村农舍，并陪伴他，再次走过了他 77 年的生命历程：幼年求学考试第一时的骄傲、看到战友牺牲时的痛苦、听到孩子出生啼哭时的欣喜、兢兢业业工作时的执着、深陷荒唐时代的愤怒、面对家庭入不敷出时的咬牙坚持。与此同时，我也在他的伴随下，重新经历了这 77 年间中国从旧到新、由弱变强的过程。

在研究和写作的过程中，我尽量追摹微观史学的学术关怀、研究视角与方法。微观史学，顾名思义，就是一种以小见大的史学研究方式。通过研究小人物、研究个案，来反映时代的样貌，让一直被淹没于时代洪流中面目模糊的普通人，得以在历史中留下自己的清晰印迹。近些年在国内方兴未艾的微观史学写作与研究，无论从起步时间还是质与量上，都落后于国外同行。国外的微观史学研究最早发端于研究早期近代欧洲的社会史学家，该领域的早期经典著作大多创作于20世纪七八十年代，研究对象在地域分布上多集中于法国和意大利。比如意大利著名历史学家卡洛·金茨堡的代表作《奶酪与蛆虫：一个十六世纪磨坊主的宇宙》。在这部经典作品中，金茨堡用自己的笔，"复活"了16世纪意大利东北部一位普通的磨坊主，在构建这样一个微不足道小人物的心灵史的同时，解读了宗教改革、印刷术等16世纪意大利的社会、宗教和文化方面的重大变革。此书与法国历史学家埃马纽埃尔·勒华拉杜里的代表作《蒙塔尤：1294~1324年奥克西坦尼的一个小山村》以及美国历史学家娜塔莉·泽蒙·戴维斯所著《马丁·盖尔归来》，被称为世界微观史学三大代表作。

国内微观史学之相对滞后，我个人认为大概有两个方面的主要原因。

第一，微观史学的研究与写作，需要依赖数量庞大且种类纷繁的民间社会史料，而且数量越多越好。早期近代法国和意大利，都保存有大量国家和教会法庭的司法档案。但对比国内，我们一直热衷于撰写国史、地方史，但对涉及百姓的风俗传统、婚丧嫁娶、土地交易等资料保存甚少，微观史学的研究缺乏史料来源。

不过这种观点也有较为罕见的特例予以反证，比如龙泉司法档案。龙泉司法档案现保存于浙江省龙泉市档案馆，共计 17333 卷宗，88 万余页，时间上自咸丰元年（1851），下至 1949 年，跨越百余年历史，记录的诉讼案件超过 2 万宗，是目前所知清季民国时期保存最完整、数量最多的地方司法档案。龙泉司法档案是中国法制史、社会史、区域史等领域的珍贵档案史料，对于国内外学者研究晚清至民国时期的法律乃至社会、人文、民间风俗等具有重要意义。

第二，国内史学领域长期以来习惯于关注政治史、军事史、外交史等宏大叙事和帝王将相、知名人物的历史，芸芸众生、日常生活这样的"无用之学"难入历史学者的法眼，而且其实他们的武库中也缺乏研究这些"无用之学"的称手兵器。

作为一名读者和业余的历史研究者，我一直很喜欢美国著名汉学家史景迁的那本《王氏之死》。那个生活在清朝初年山东郯城的普通农妇，她那稍纵即逝的一生，正因微观史学的存在，才得以永世留存。正如此书的副标题"大历史背后的小人物命运"所表达的，微观史写作正是要在历史江河的滚滚洪流中，为凡人立传，为草民树碑。这样的关怀也是我在写作此书时一直追摹的。

列斐伏尔在《日常生活批判》一书中写道："单调、重复的日常生活隐含着深刻的内容，从一个女人购买半公斤砂糖这一简单的事实，通过逻辑的和历史的分析，最后就能抓住资本主义、抓住国家和历史。"诚哉斯言。相比女人购买的那半斤砂糖，健民的账本中蕴含的丰富信息无疑是封藏了过去时代的一个宝藏。

健民其人

求学之路

张健民的家庭账本从 1952 年记录到 1993 年，其间他的年龄从 36 岁增长到 77 岁。他在这一时段的生活、工作，我可以通过账本来进行研究。但是，36 岁之前的张健民是个什么样的人？他的人生经历如何？这就需要我参考各种资料，以及对张健民后人、朋友进行采访了。

让我们将视线暂时离开账本，把时光的指针，拨回到张健民出生时的 1916 年。

1916 年的中国，正值北洋政府统治时期，军阀割据，政局混乱。这一年，北京城发生了一件大事：仅仅称帝 83 天的袁世凯暴病身亡。

同样是在这一年的 2 月 22 日，与北京城相距 800 公里，阎锡山统治下的山西省阳城县町店乡大宁村，一个名叫张鸿的贫穷农民，也迎来了他人生中的一件大事：他的第 8 个孩子降生了。这个新生儿就是张健民。在张健民出生之前，张家已经有了 3 男 4 女，共 7 个孩子，吃饭的嘴多，产粮的地少，贫困可想而知。张健民先生乳名"顺保"，最初父亲给他取名"仲芳"，后来在 1940 年"十二月事变"之后，他改名"健民"以明志。为了全文的一致性和不引起读者误解，以下将统一称他为"健民"。

　　健民的父亲张鸿厚朴勤劳、心灵手巧、持家谨慎。张鸿的妻子王氏，性格与丈夫相比迥异，她性情急躁，对孩子采取了严管的态度，但同样对这个家庭付出全部心血。健民这个最小孩子的出生给张鸿夫妻带来了喜悦，但同时张家的生活也更为紧张。阳城是个十年九旱的地方，如遇天灾，老百姓不但温饱不济，甚至性命不保。父亲张鸿曾对儿子健民说，光绪三年（1877），张家就曾因饥荒而遭了大灾：张鸿的 3 个叔辈、4 个同辈兄弟共 7 人，均在那一年因遭旱灾而饿死。[①] 这种对饥饿、贫穷深刻的恐惧印象，通过张鸿，牢牢地嵌刻在了儿子健民的基因中，并塑造了他保持一生的勤俭习惯。

　　张鸿一生未受过教育，他的幼子健民却从小显露出过人的聪慧才质。1922 年秋天，健民就读本村的小学。当时小学分为初小和高小两个阶段，修业年限共 6 年。在初小的 4 年中，健民次次考试都名列榜首。此时，张鸿还不需要为儿子的学费发愁，因为那时北京政府教育部和山西当局规定，初小、师范、高等师范免收学费。[②]

---

① 张健民:《我的回忆》,《峥嵘岁月——张健民同志专辑》，第 1 页。以下本节关于张健民求学经历的信息，均出自此书，不再一一标注。

② 1904 年 1 月，中国创建独立师范教育之始，为鼓励清寒优秀青年学习师范，即规定：初级师范学堂"学生无庸纳费"，优级师范学堂"公共科及分类科学生在学费用，均以官费支给"。1912 年 9 月，教育部公布《师范教育令》，规定师范学校、高等师范学校免纳学费。这一制度一直沿用至 1949 年。见教育大辞典编纂委员会编《教育大辞典》第 2 卷（师范教育、幼儿教育、特殊教育），上海教育出版社，1990，第 33 页。

清末以来，山西的经济在全国排名一直处于下滑的趋势，但在办教育这件事情上，却一直走在全国的前列。1902年，李提摩太创办了山西大学堂，成为全国最早成立的3所大学之一。经过几任热衷于兴办教育的山西巡抚的努力，在1911年民国成立之前，"山西已拥有2所大学和1所政法专门学校，4所师范学校，13所中学，98所高级小学，1948所初级小学，更重要的是，有180名女孩在2所女子学校里受教育"。①

民国成立后，特别自阎锡山掌管山西之后，山西大力兴办地方教育，"以国民教育培育根基，以人才教育铸就精英，以职业教育谋求生计，以社会教育感化民众"，②使山西各类教育特别是义务教育得到了较大发展。

阎锡山从1918年起在山西开始施行义务教育，到1924年全省已入学的学龄儿童总数达1056115人，受义务教育儿童数占学龄儿童总数1461842人的比例高达72.2%，男童受义务教育人数占男学龄儿童总数的比例更是高达90%多。山西的义务教育在20世纪前半叶一直居全国首位，并直接带动了全国各省义务教育的实施。③教育家陶行知到山西三次参观后，留下了"中国除山西省外，均无义务教育可言"④的极高评价。因此，陶行知评

① ［美］E.A.罗斯：《变化中的中国人》，公茂虹、张皓译，时事出版社，1998，第301页。

② 申国昌：《守本与开新——阎锡山与山西教育》，山东教育出版社，2008，第15页。

③ 《第一次中国教育年鉴》（1934年）丙编，台湾宗青图书出版公司1991年影印版，第503页。

④ 华中师范学院教育科学研究所编《陶行知全集》第1卷，湖南教育出版社，1984，第227页。

价山西是中国义务教育的策源地。①

1926年秋,健民顺利升入高小。因为高小已不属于义务教育阶段,健民的家庭就需要为他的教育支付费用了。虽然贫穷的张家当时并没有钱,但父亲张鸿为了让家中有一个识字之人,日后不必被人欺负,决定举债供儿子读书,于是全家东拼西借凑齐了10枚小铜圆的学费。

健民不负父亲的期望,高小期间4年8次考试,次次名列榜首,并最终以全校第一名的成绩考入阳城县立初级中学。儿子的学费再次难住了父亲。万幸的是,邻村的一家富户儿子恰好与健民是同桌,这个同学的家人特别同情健民,于是主动垫付了他的学费。

成年人的生活方式往往能从其幼年的成长经历中找到原因。我想,这段受他人资助求学的经历,对健民的影响应该是明显的,有两点可以证明。第一,我收集的这批账本中,多次出现张健民一家借钱给亲戚、邻居、同事以渡过难关的记录,这体现出他一直有助人的习惯。第二,《峥嵘岁月——张健民同志专辑》一书曾提到他在解放初期晋绥地区土改中,曾不顾个人政治前途,对极左之风,大胆表达不同意见的过往经历。这表明了他不赞成暴力,不管以何种貌似正当的理由,或许也表明了他对地主、富农阶层的开明者,内心天然有一种"理解之同情"。而这种与那个革命年代阶级斗争精神略显不同的实事求是态度,也

---

①《陶行知全集》第2卷,四川教育出版社,1991,第245页。

为他在历次政治运动中遭受的种种坎坷埋下了伏笔。

此外，健民在 36 岁时开始工整记账，这种认真仔细的生活习惯，或许与他幼年求学时因为穷苦买不起课本，只能下课后借同学课本一笔一画抄写下来的经历有或深或浅的关系。

1931 年，健民的父亲张鸿因多年操劳吐血而亡，享年 60 岁。张鸿的死亡，只与他瘫痪在床 4 年的妻子去世时间相隔不足 20 小时。

父母在短时间内相继离世，健民的学业与生活，就需要依靠家中兄嫂来照顾了，这也是父亲张鸿临终对长子的嘱托。在兄嫂的照顾下，健民得以继续读完了阳城县立初级中学。因此，成年后，健民对自己兄嫂以及侄儿的感情很深，他的账本中经常出现关于三哥和几个侄儿的记录。

抗战烽火

1933 年，17 岁的健民中学毕业，当时的山西省教育厅决定实施初中毕业会考。阳城中学三个毕业班的学生纷纷聚集在晋城，与获泽、崇实两所学校的毕业班学生一起参加考试。当时"山西省主考委员吴崧携带密封试卷到晋城，考场内外居然还有宪兵、警察持枪监堂，极其森严"。[1] 最

---

① 张健民：《我的回忆》，《峥嵘岁月——张健民同志专辑》，第 4 页。

终，阳城中学3个班120余名考生，及格者只有24人，而在这24名合格者之中，健民又一次考了头名。

当时，初中毕业生就业并无保障，除了回家务农，就只有当小学教师一条路。健民到县教育科陈述了自己的情况。几天后，他得到了县教育科的通知：去本县宜碧村任小学教员。

在小学教员的岗位上，张健民一共干了三年半。这三年半的时间里，除了伙食由学生家长负责外，他一共积攒了薪洋135元[①]（旧币[②]），但因"家中这些年因生病、葬礼等事项，一共借了润城镇'万和'号粮行50元高利贷，年息为30%，前后4年连本带利共需要偿还110元。所以三年半攒下的薪酬，基本上没有剩下什么，全都替家中还了所借的高利贷"。[③]健民后来总结，自己及家人被高利贷剥削这件事，是他痛恨旧社会并在日后走上革命道路的原因之一。

1936年初，陕北红军东征。为了从政治上、军事上"防共"，阎锡山组织了"主张公道团"和"防共自卫团"，省、县要求各村公所依照户口册编写名单，村里的团长、副团长说是推选，实际上就是村公所指定，村小学教员一

――――――

① 1930年，山西省省城以外各县初级小学专任教师之月薪最高为36元，最低为6元，平均为21元；兼任教师最高为20元，最低为4元，平均为12元。由此可以印证健民当时做老师时的真实收入。资料来源：《第一次中国教育年鉴》（1934年）丙编，台湾：宗青图书出版公司，1991年影印版，第459页。

② 此处旧币是指1935年11月南京国民政府施行法币改革前流通的铜圆货币，此次改革规定以中央、中国、交通三行所发钞券为法币，同时废止了银本位制，将白银收归国有。

③ 张健民：《对家属的留言》，《峥嵘岁月——张健民同志专辑》，第222页。

律兼任"公道团"文书，负责教唱"防共歌"。这个时期，健民曾在上黄崖村教男女团员、学生唱村公所指定的歌曲。

1936年冬天，健民转到上黄崖小学任教期间，阎锡山创办的"山西牺牲救国同盟会"到阳城发展会员，经韩德懋介绍，健民正式加入了牺盟会组织，积极开展抗日救亡宣传活动，从此走上了革命道路。其回忆文章中记载，从1937年初，到1939年夏末，他在抗战初期的经历如下。

1937年1月，报名投考山西国民兵军官教导团，被录取。

3月，到寿阳营盘的国民兵军官教导第十团接受为期半年的军政训练，被编入三连一班。七七事变后，教导团酝酿改编决死队。

9月，"教十团"正式改编为"山西青年抗敌决死队第三总队"。

中秋过后，决死队开赴太原，暂指定在狄村、东岗就地待命，后沿南同蒲线开赴曲沃县营盘继续训练并可扩编为纵队。当时各县准备成立人民武装自卫队，急需培训区、村自卫队干部，健民被委派垣曲县承担培训任务，年底归队。

后因患病，健民于1937年底请假返回阳城。

1938年正月十八，日军飞机第一次轰炸阳城县城，国民党驻军以及各路杂牌军溃乱逃生，这些部队的士兵本来就是鱼龙混杂，趁此乱局不但不保护民众，反而趁乱抢劫，直接从兵变成了匪。

3月的一天，健民同村的邻居遭到了兵匪的抢劫，全家男女7口人都被兵匪杀害，全村老幼纷纷往芦河以南逃难。

5月，在愈演愈烈的兵匪横行中，健民的大哥、二哥相继惊吓致病，最终因病亡故。一年之间失去对自己感情最深的两位兄长，以及家庭遭受的战争之乱、兵匪之患，更加坚定了健民抗日的决心。

因三哥无能力主持家政，1939年张家分家。

1938年3月初，健民受邀担任区公所助理员，经与王永盛、张春发几次密谈，他填写了油印麻纸的入党志愿书。

1938年6月，健民正式加入中国共产党。

1938年7月，健民从五区调一区负责分委工作。

1939年春，健民的疥疮病痊愈，组织分配他到牺盟会阳城县分会工作，依据形势积极开展"反汪拥蒋"宣传活动，以粉碎日寇诱使国民党放弃抗日、实施"日中合作"的阴谋。此任务之下，县牺盟分会开办区干部训练班，健民从组织干事提任部长，专管训练班。直至1939年夏末初秋，日军再次侵入阳城。①

以上就是健民在抗日战争初期的经历。

十二月事变

健民在牺盟会工作期间，令他永生难忘并对他的人生产生极大影响的经历，就是阎锡山发动的"十二月事变"，

---

① 张健民:《我的回忆》,《峥嵘岁月——张健民同志专辑》, 第6~10页。

也称"晋西政变"。健民在事变中的表现英勇无畏、可圈可点，这也是他革命经历中的一个闪光点。

1938年后半年，在侵华日军步步紧逼下丢失太原的阎锡山，其手下作为晋系顶梁柱的晋绥军，只能组织起残兵败将两三万人。而与此形成对比的，是共产党在山西的力量愈发强大，文献中的说法是"共产党在今天已形成华北最大党，八路军也成为华北最大的军队"。[①] 而中共党员实际掌握的牺盟会也抓住机会，在各县发展牺盟会组织，影响力扩展到了全省范围。阎锡山觉察到共产党、牺盟会、决死队等日益强大的抗日力量，对自己掌控山西已经产生了巨大的威胁。

阎、共关系日趋紧张之际，国民党于1939年1月下旬召开五届五中全会，提出"防共""限共"政策。随后共产国际指示中共发起反投降斗争，认定"反共即准备投降"。中共在"以斗争求团结"的原则下，对阎锡山的"右倾""倒退"予以抵制和斗争。[②]

1939年3月，阎锡山在陕西秋林召开了著名的"秋林会议"，在这次会议上，阎锡山提出必须把行政职务和军事职务分开，取消专员兼任政治委员。此举意图明显，就是要让薄一波等人失去对专区的行政控制权，或者失去对军队的

---

① 《中共晋冀豫区委会议记录（二）——朱瑞总结》（1938年8月24日），山西省档案馆编《太行党史资料汇编》第1卷，第320~332页。

② 王奇生：《阎锡山：在国、共、日之间博弈（1935—1945）》，《南京大学学报》2018年第1期。

领导权。秋林会议后，阎锡山手谕牺盟会暂停发展，下令将决死队改编为独立旅，政工人员必须服从同级军官。①

1939 年 12 月，阎锡山以第二战区司令长官的名义，下令对日军展开冬季攻势。他命令决死二纵队的张文昂、韩钧率领部队向同蒲路霍县至灵石段的日军发起进攻，同时，又命令十九军、六十一军堵在二纵队背后，试图与日军形成前后夹击态势，把决死二纵队消灭殆尽。

决死二纵队韩钧的部队最先与晋绥军发生冲突，梁化之马上秘密部署准备夺取韩钧兵权。韩公开表示抗命，这正中阎锡山下怀，他立刻下令"以迅雷不及掩耳之手段消灭"之。激战两三周，在八路军晋西支队支援下，韩部才得以保存下部分人员，但其原先控制的晋西南区域全部落入晋绥军之手，这就是"十二月事变"。驻扎在晋东南太南地区的三纵队及其所属政权在"十二月事变"中损失惨重。其原先所在的太南地区，即第五专区下辖的 12 个县政府，将近 10 个都被晋绥军和国民党军摧毁和控制，该专区被捕、被俘和被害的牺盟会、决死队干部及中共党员，不少于 150 人，政委戎子和及纵队长颜天明等主要领导人，几乎是靠侥幸才得以脱逃的。②

---

① 杨奎松：《阎锡山与共产党在山西农村的较力——侧重于抗战爆发前后双方在晋东南关系变动的考察》，《抗日战争研究》2015 年第 1 期。

② 杨奎松：《阎锡山与共产党在山西农村的较力——侧重于抗战爆发前后双方在晋东南关系变动的考察》，《抗日战争研究》2015 年第 1 期。

在此次事变中，晋东南是新军抗日决死纵队和抗日政府损失最为惨重的地方。健民此时所任职的阳城县政府，就是其中之一。

我手头有一套《山西文史资料全编》十卷合订本，汇集了从1958年第1辑到1998年第120辑的全部刊物。其中1983年第27辑中，就有健民所写的一篇文章《"十二月事变"在阳城》，详细回忆了他本人所经历的"十二月事变"。

健民为《山西文史资料》写作的回忆文章中提到的事情，也出现在了他的账本记录中：1980年2月5日，"上午九三迎春座谈会，代政协讲话鼓励，接晓琴同志托写十二月政变稿事"；12月22日，"请马明、张颔同志阅拙稿"；1981年9月29日，"收地方志编办稿费30元"；1983年10月13日，"购张平同志《文史资料》27期及原文二打印稿三件"。

1939年11月初，健民调任阳城县政府代理第一科长（民政）已经3个多月。当时，阎锡山派其第八集团军总司令兼任山西省政府第三行署主任孙楚率领宪兵、警察、特务等，随同保卫武装进驻阳城，驻扎在阳城县西南50华里的山村岩山，并"积极"实施对晋东南地区抗日根据地的破坏活动。

那一时期，健民总要不停地应付来自阎系部队、蒋系部队催讨粮食的逼迫。八十三师负责征粮的军官张笑吾，每次手提着皮夹，里面露出他携带的法币，不停地逼迫阳城县政府拨给他们价购粮食。当收购粮食不顺利时，张笑吾就指责"政府对驻军待遇不公，八路军可以无价购粮，中央军现款求购反受限制"。健民机智回答道："凡抗日军队驻县境，政府均予代购军需食粮，一视同仁，并无厚此薄彼之意。至现价、暂欠等付款方式的区别，全因各系部队军饷来源有差形成，根在国民政府对不同派别部队的军饷采不同待遇，前方地方政府岂能代之受过?!"①

此外，八十三师还借口"扩大县动委会驻军代表名额"，试图从组织上破坏县动委会，在抗日军民的斗争下未得逞。总之，对于来自上压、下抵、侧诈逼的政治围攻，健民和同志们在坚持团结、进步、抗日的原则基础上区别情况，理直气壮地进行不同斗争。

12月9日早晨，八十三师补充团团部副官刘某带领一队武装士兵闯入县政府大门，抓捕了到任不久的公安局长赵养锋，健民闻讯出门制止，反被对方五花大绑带出。众人一顿耳光打得健民口鼻流血不止，并把他悬吊在县政府与县公安局中间的"十凤齐鸣"石牌坊上两三个小时，后又把他关押在特务连部，长达五天。后来，事变中被孙楚任命为阳城县长的八十三师政训处主任李英樵，为了让健民代为处理成堆的公文，并交接公文印章，以"误会"为借口暂时将他释放。②

被暂时释放的健民知道，阳城县已经发生政变，大难随时会降临到自己头上，于是寻找机会，从拆掉缺口的后城逃脱了。

此时，健民的妻子刚刚生下一个男孩不久，但孩子刚

---

① 张健民:《我的回忆》,《峥嵘岁月——张健民同志专辑》, 第19页。
② 张健民:《我的回忆》,《峥嵘岁月——张健民同志专辑》, 第22页。

过满月便因病夭亡。准备逃亡的健民，除了匆忙安慰妻子几句之外，竟然没有其他办法，因为他的当务之急是转移以逃避抓捕。国难当前，内乱甫起，斗争严峻，你死我活，乱世中亲人之间的生离死别，就算不上最重要的事情了。

急急步行 20 多里后，健民随五区区长马子明抵达决死三纵队七团驻地。至此，20 天来精神高度紧张焦虑的他，才稍稍放缓情绪。

但万万没有想到的是，才出狼口又入虎穴，更大的危险还在后面。

在孙楚的策动下，决死三纵队八团叛变，紧接着，七团、九团也相继叛变。而其中叛变的七团驻地，就是健民刚刚躲避歇息之处。得知实情的张健民及牺盟会其他同志，趁天黑冲出了七团驻地，连夜翻山越岭，寻找八路军晋豫游击队和唐天际司令员。

12 月 26 日拂晓，从七团驻地逃离的阳城抗日干部抵达高会村，见到了中共晋豫特委聂真同志和八路军晋豫游击队及唐天际司令员，并最终被安排到高会村西南的土岭村。此时，晋城、沁水两县也已经发生政变，逃脱出来的干部也纷纷会聚土岭村，安营扎寨。三地党政干部根据党的指示成立了晋、沁、阳三地联合办事处，进行学习、整顿、训练。当大家以为就要在这里度过 1940 年的春节时，"土岭事变"又发生了。①

---

① 张健民：《我的回忆》，《峥嵘岁月——张健民同志专辑》，第 25 页。

1940年1月4日凌晨，已经叛变的决死三纵队八团和国民党四十七军联合发动"土岭事变"，一时枪声大作。健民和阳城二区区长李懋堂趁黑突出包围圈，利用山间道路向阳城方向脱身，辗转回到大宁村，躲避在健民前妻二舅张庚群位于仙翁山避乱的山窝里，并让大侄儿旭东探寻部队的踪迹。20多天后，打听到唐天际司令员部队在马村、东沟一带活动，于是二人又化装成东沟贩卖红果的商贩，翻山越岭，终于在1940年1月31日归入了大部队。健民后来回忆，那一刻自己"恰如稚子投入慈母怀抱，浑身困倦亦烟消云散"。①

毛泽东对待"十二月事变"的对应态度，有一个从激烈到冷静的过程。最终，根据抗战形势需要，"为了争取与阎重建统战关系，他对阎及其晋绥军的策略，从必须要以武力反击，转回到协商妥协上去了"。②

毛泽东与王稼祥在1940年2月12日发给朱德、彭德怀、贺龙、关向应、滕代远的《关于处理晋西事变的指示》电报中说："与阎谈判应由肖劲光以居间调停形式出面进行。而新军领袖则用电报与阎联络，表示希望新旧军恢复团结，共在阎领导下一致抗日。电报中只提此种愿望，不提处罚陈长捷等条件。语气须和缓些，放诚恳些，使阎面

---

① 张健民：《我的回忆》，《峥嵘岁月——张健民同志专辑》，第25~26页。

② 杨奎松：《阎锡山与共产党在山西农村的较力——侧重于抗战爆发前后双方在晋东南关系变动的考察》，《抗日战争研究》2015年第1期。

子上过得去，方有转弯余地，使阎与旧军觉得有希望，以利肖劲光前去谈判。"①

2月25日，肖劲光、王若飞持毛泽东写给阎锡山的信件抵陕西宜川县秋林镇见阎，向阎提出了六项和平解决事变办法："第一，双方停止军事行动；第二，双方停止政治攻击；第三，新军表示拥阎，不受改编；第四，双方互不处罚，互不侵犯；第五，今后统一于进步，实行阎之民族革命十大纲领；第六，恢复与新军的电台往来，及人员往来。"②

面对共产党表达的善意，阎锡山立刻就坡下驴，欣然接受。1940年4月24日，八路军驻第二战区办事处主任王世英代表中共一方，与阎方在秋林达成正式协议，规定以汾离公路为界，南为旧军驻地，北为新军驻防。

至此，长达数月的新、旧军冲突得以平息，"十二月事变"也得以和平解决。

1940年底，健民回顾自己近两年坚持抗日民族统一战线对国民党、阎锡山"既团结又斗争，从斗争中争取"的实践，体会到"阳城地方党和广大群众主观抗战热情很高，但组织经历太短，思想认识欠高"的局限，决定把自己的名字"仲芳"改为"健民"，意为"健壮的人民一员去健

---

① 《毛泽东、王稼祥关于处理晋西事变的指示》（1940年2月12日），中央档案馆编《中共中央文件选集》第12册，中共中央党校出版社，1991，第299页。

② 杨奎松：《阎锡山与共产党在山西农村的较力——侧重于抗战爆发前后双方在晋东南关系变动的考察》，《抗日战争研究》2015年第1期。

壮党和群众的大多数"。① 从此以后，张健民这个名字就跟随他到生命的最后。

也许在抗日战争历史中，这场历时近半年的十二月事变只是不起眼的一朵小浪花。但对于微小的个体来讲，它却可能是一场天降厄灾。包括健民的入党介绍人王永盛等烈士在内的"各县政府职员、牺盟会及群众团体工作人员被惨杀者五百余人，八路军干部被惨杀七十余人"。② 而对于健民这样的幸存者来讲，此事件的影响也将延及终生。

根据健民在省委统战部曾经的同事张希舜（"文革"后任山西省委宣传部秘书长、山西省文物局局长）的回忆文章，1969 年，山西省直机关干部赴京参加中央办的"毛泽东思想学习班山西班"的学习，后期学习班转至石家庄，并继续展开了"审干"和"清队"运动，健民再次被定为审查对象。后来张希舜才知道，是因为有人以"十二月事变"中健民作为阳城县政府一科科长，其所掌管的县政府公章曾经丢失这件事为由，诬告他把公章交给了敌人。③ 尽管组织上早就对健民的这段历史有过明确的结论，但他还是因此受到一次次审查。

---

① 张健民：《我的回忆》，《峥嵘岁月——张健民同志专辑》，第 29 页。
② 《中央关于晋西事变经过及解释方针的指示》，中央档案馆编《中共中央文件选集》第 12 册，第 250 页。
③ 张希舜：《苍苍劲节寄》，《峥嵘岁月——张健民同志专辑》，第 123 页。

不说假话

健民性格直率，以"不说假话"这四个字为自己一生的道德底线。对于看不惯的人或事，很少顾及对方的身份以及会给自己造成的损害。即便是在动乱年代，他也坚守了这条底线。当然，我们不能强求一个普通人在任何时代都保持圣徒般的道德境界，趋利避害是人的本能，在特殊历史时期，迫于现实，人们可以选择真话不全说，但不应该违心说假话。这也是健民坚守的原则。

健民心直口快的性格特点，从小便显露端倪。上高小时，一次一个富家小孩欺负了穷人的孩子，健民实在看不过，就挺身为穷孩子打抱不平，在斋舍与一个名叫郭学贤的富家子弟争辩，两人吵架被老师胡国恩发现，对健民进行了责训。因为他不服软、不认错，胡老师把他叫到校务室，连打手心7次作为惩戒。但健民觉得自己并没有做错，虽然手心剧疼，也咬牙忍住没有哭出来。

健民所在的学校校长叫白溥霖，这个白校长不但经营学校，还同时经营着一家文具店。白校长对学校教务工作并不太上心，每年只有春秋两季开学收学费时，才见他在校内露面。而他关心的重点，也从来不是学校的教学情况和师生生活，对他来说最重要的事是盯紧靠他关系当上校事务员的小舅子姚序元，令其分毫不差地将学费银洋装箱送到他家。①

当时有一个教英文和化学的老师叫王务本，这个人虽然教学有真才实学，但却染上了抽大烟的恶习，还不时地向学生借钱买烟抽，贫寒学生都不敢接近他。当时学校的学生中富家子弟居多，许多人油嘴滑舌不思进取，但白校长不管，老师便更不敢管，导致整个学校享乐玩耍之风盛行，秩序混乱，学风极差。学校不像学校，学生不像学生。对此乱象，一心求学的健民利用学期末同校长见面的机会，直言不讳地将老师、校长的缺点一一指出。②

成年之后健民的性格更加鲜明，尽管他知道说真话所付出的代价不再是手心挨几下板子那么简单了，但天性难改。

1948年初，寒气咄咄逼人。晋绥土改的"左"倾寒流笼罩太岳区。1948年1月初，中共太岳区党委在设在阳城县坪头村的区党委党校举行全区"反奸清算对敌斗争大会"，会期半个月。会议有三个主题：第一，充分发动群众进行对敌斗争；第二，怎样开展农会工作；第三，布置今冬明春的任务，即从肉体上消灭地主、富农、恶霸，重点是消灭地主。来自太岳全区各地、县的党政领导干部500余人参加了这次会议。当时任中共阳城县委宣传部部长的张健民刚刚率领阳城2000多名支前军人随军出征豫

---

① 张健民：《我的回忆》，《峥嵘岁月——张健民同志专辑》，第3页。
② 张健民：《我的回忆》，《峥嵘岁月——张健民同志专辑》，第4页。

西归来，风尘未洗，便奉命带领20余名阳城县、区干部赴坪头参加会议。①

会议的中心议题是充分发动群众，进行对敌斗争，挖深、挖透一切阶级敌人，从肉体上消灭地主、富农、恶霸，而重点则是地主。太岳行署主任牛佩琮主持会议，区党委、行署20多位领导出席了这次会议。由于参加会议的多数同志对于"从肉体上消灭地主"这一任务感觉有问题，思想上压力很大，但鉴于是上级布置的任务，大家并不敢公开提出异议。②

但一向心直口快的健民，在这次会议上"放了一大炮"。各区县分组讨论时，健民首先就抛出了自己的观点："我认为从肉体上消灭地主富农的做法有问题，太残酷。这个做法和党的基本路线是对立的，是不合适的。会议要求我们每个村都要揪出一户地主，进行肉体消灭，作清算斗争，太残忍了，这不是我们共产党人的方针……"③他的观点道出了阳城参会干部想说而又不敢直言的心里话。

当时，阳城是推行康生、陈伯达创造的所谓"晋绥经验"的试点县，土改"左"倾风潮犹如"黑云压城"，多

---

① 孟昭光口述，原晋阳、王玉芳整理《犯颜直谏犹在耳》，《峥嵘岁月——张健民同志专辑》，第73页。
② 孟昭光口述，原晋阳、王玉芳整理《犯颜直谏犹在耳》，《峥嵘岁月——张健民同志专辑》，第73页。
③ 孟昭光口述，原晋阳、王玉芳整理《犯颜直谏犹在耳》，《峥嵘岁月——张健民同志专辑》，第73页。

数中农的门被错封，地主、富农被"扫地出门"，死人的现象时有发生，社会混乱，人心恐慌，已近年关，群众无心过年。县委领导为此而焦虑不安。①

　　针对当时的土改政策与工作，中共阳城县委曾做过多次讨论，并顶着此前不久在冶陶会议②上阳城受点名批判的压力，对于阳城土改出现的极左问题做了四条决定：一是暂停封门，除个别极坏的地主外，其余一律启封开门，大年后再做处理；二是停止集体起灶吃饭，撤掉集体"宿

---

① 王奎：《张健民语惊四座的一次大会发言》，《党史文汇》2004年第11期，第45页。

② 冶陶会议即中共晋冀鲁豫中央局于1947年10月12日至12月26日在河北省武安县冶陶镇召开的县委书记以上干部会议，会议的主旨是对全区贯彻执行《五四指示》的翻身运动进行检查，会议的主调是批判右倾，此后各地开始以三查（查阶级、查立场、查思想）为主要内容的整党。多地出现打击面过大，干部回家不干的局面；地方上则有群众运动过火的现象。如太岳区第三地委个别领导人提出"不要怕侵犯中农，否则是阶级立场观点问题""贫雇农想怎样干就怎样干，想怎么干就怎么干"的错误口号，把闻喜县委提出的地富恶霸化、特务化、土匪化与肉体消灭地富的错误理论当作个别缺点，未能予以纠正，致使闻喜县在1947年10月到11月间的土地改革运动中，错误地处死了一些地主、富农分子，并给农村中的坏分子以乘机报复的机会，由他们杀了不少人，酿成不少冤案。在第五地委的一些地方也发生了类似的偏差。参见河南省地方史志编纂委员会编《河南省志第13卷·共产党志》，河南人民出版社，1997，第189页；山西省地方志办公室编《太岳革命根据地史》，山西人民出版社，2015，第291页；赵勖敏《土改运动在太岳区》，樊陆和、胡晋安主编《晋城儿女解放战争忆事》，山西人民出版社，2008，第67页；河北省沙河市地方志编纂委员会编，张月民主编《沙河市志》，生活·读书·新知三联书店，1994，第509页。

舍"，让群众各回各家；三是年关期间停止搞运动，让群众安心过好年；四是"贫农团""雇贫团"与村干部协同开展各项工作。

在县委讨论研究上述扼制"左"倾风潮措施的时候，张健民作为县委宣传部部长坚决拥护县委的决定，并极力主张制止吊打和杀人的错误做法。在区党委召开的这次会议上，他认为"从肉体上消灭地主"的做法与中央土改精神背道而驰。

大会发言进行了三天，前两天晋南部分县区的领导发言较多，大都表示要坚决拿下"一个村杀一个地主"的任务，行署领导听了很高兴。到第三天时轮到阳城发言，健民从座位上站起来，边说边走向主席台，直言陈述自己的观点。他说，"第一，这个报告不符合阳城的具体情况，也许在晋南等平原地区，拥有300至500亩土地的地主多的是，而在阳城，拥有100亩土地的地主虽然有，但很少，大部分的地主不过30、50亩。我们阳城最大的地主还没有人家晋南最小的地主大。第二，我们阳城有些地主虽然有一定数量土地，但家中的男人死了，地主寡妇要雇人种地，按地亩划分我们也把这些人划为地主，难道这些人也该杀？还有，地主死了，他的孩子杀不杀？地主的女儿嫁给了贫农，贫农的女儿嫁给了地主的儿子，生下的孩子算什么？杀不杀？大人死了，小孩又怎么办？如果要杀，打击面太大！尤其是孩子，他们没有剥削过人，难道也该杀？中央政策是改造他们成为自食其力的劳动者，不是简单的肉体消灭。第三，从肉体上消灭地主这个做法有问题，不利于我们党的统战政策。有些地主不仅剥削过人，而且双手沾满了人民的鲜血，血债累累，确实该杀。但家里的老婆、孩子是无辜的，让我去杀，我下不了手。如果把地主家里的人全都杀掉，和他们有各种亲戚关系的贫农们该怎么想？他们对我们共产党能有什么好感？这样做对共产党又能有什么好处？"①

张健民越说越激动，出席会议的区党委领导几次向张健民示意，让他停止发言，但他不仅没有听招呼，反而把声音提得更高："同志们，我叫张健民，可能有的认识，有的不认识。我是阳城县委宣传部长，我说的对不对，让我把话说完，如果我因此犯了错误，我就犯在这里，我也认了……"②

此时，台上台下便乱了起来。有人认为张健民"犯上作乱""干扰大会"；有人说"张健民敢说真话，不过胆子也太大了……"

而健民没有理会这些，也不听领导打招呼，继续激动地说："真正的地主，确实恶贯满盈，你把他赶出去冻死也可以。但地主家的小孩，你把他也赶出去冻死，于心何忍？让我去把地主家的小孩踩死，我的腿可以说软得不得了，下不了这个狠心！我再说一遍，这个任务我们执行不

---

① 孟昭光口述，原晋阳、王玉芳整理《犯颜直谏犹在耳》，《峥嵘岁月——张健民同志专辑》，第74页。

② 王奎：《张健民语惊四座的一次大会发言》，《党史文汇》2004年第11期，第46页。

了，也无法完成……"①

其实，从1948年2月开始，各个根据地的领导机关已经陆续行动起来，一边传达中共中央关于土改的最新指示和政策，一边组织贯彻纠"左"的措施。②但健民在大会上发言时，并不知道中共中央关于土改政策的方向已经发生变化，只是凭借自己对党的工作负责的态度，发表了上述讲话。

张健民发言没过多久，"反奸清算对敌斗争大会"还在举行，中共中央"二月指示"（即《中共中央关于在老区半老区进行土地改革与整党工作的指示》）③和中共晋冀鲁豫中央局关于纠"左"的文件随之传达下来，指示各地立即停止和纠正乱批乱打、致人死命的极左行为，明令不许对地主进行抄家，更不允许从肉体上消灭；同时，要求各地对地富要给予生活出路，将他们改造成为自食其力的劳动者。对于民愤极大、怙恶不悛的恶霸地主也只能由人民政府审判，不许乱打乱杀。④

中央精神传达后，整个会议来了个180度大转弯，前半部分会议是反奸清算对敌斗争，后半部分变成了纠偏。

---

① 王奎：《张健民语惊四座的一次大会发言》,《党史文汇》2004年第11期，第46页。

② 杨奎松：《1946—1948年中共中央土改政策变动的历史考察》,《开卷有疑——中国现代史读史札记》，江西人民出版社，2007，第341页。

③《周恩来选集》上卷，人民出版社，1980，第288~296页。

④ 王奎：《张健民语惊四座的一次大会发言》,《党史文汇》2004年第11期，第46页。

这时候，会议气氛立即振奋起来，参会人员都说张健民有远见，说他水平高。会议接近尾声时，大会让张健民再次发言，他推辞说："我就不要重复了。"会议结束后，张健民立刻投身到土改的纠偏工作中。①

1958 年全国掀起"大跃进"，刮起浮夸风，山西的报纸报道了侯马红薯亩产百万斤的新闻，为此，相关部门还召开了现场会推广经验。在那个大放卫星的时代，这样浮夸又不切实际的报道铺天盖地，对于侯马一亩地产了百万斤红薯的新闻，张健民从常识角度提出了强烈的质疑："我们都是从农村出来的，一亩地产多少粮食，难道不清楚不了解吗？我们长期在农村生活过，别说种植要留间距，就是把一亩地挖成一尺深的大坑，也堆不下百万斤的红薯。这样的夸大虚报，最后受难的还是老百姓，是会降低中国共产党的威信。"

因为此番言论，健民受到了严厉批判，被迫做了"怀疑大跃进""思想右倾"的检查，并被记入了档案。②

1961 年冬，健民和战友崔松林一同从太原回阳城探亲，在他工作过的故乡和知己、战友、亲属、群众聊天谈心，在横河乡看到山区巨变，曾即席赋诗两首。

---

① 孟昭光口述，原晋阳、王玉芳整理《犯颜直谏犹在耳》，《峥嵘岁月——张健民同志专辑》，第 76 页。
② 张书魁：《爸爸永远在我心中》，《峥嵘岁月——张健民同志专辑》，第 190 页。

重游横河、下寺坪述怀

一

专程鼓兴访盘亭，故地重游意更浓。

二十年来多变化，妇孺咸信党英明。

二

主人款客忒殷勤，筹策委婉欲阻行。

厚谊深谊难谢却，依依握别共推心。

恰恰是在同老乡、老友的"共推心"中，健民耳闻目睹了许多新情况、新问题。他从乡下回到城里后，便将自己亲眼看到、亲耳听到的情况问题，向县委主要领导做了汇报，并指出了"五风"弊端。根据县委的请求，他又在县一招五楼科局长会议上谈了自己的看法。哪知道，健民这番推心置腹的实话，又在不知不觉中得罪了一些人。有人便诬陷他攻击"三面红旗"，并打小报告向省委告他的状。当他返回太原时，省委叫他谈话，说他背着组织"兜售私货"，把他推到"彭德怀、黄克诚、张闻天、周小舟反党集团"上。对此健民一直不服，1963年中央开始甄别纠偏，但依旧给他保留了"思想右倾"的结论。直到1977年，才彻底把这个"政治尾巴"给取消。①

此外，在不同历史时期，健民也会应他人之求，在自己亲知、亲经、亲闻的前提下，写下对对方事业甚至前途

---

① 王玉祥：《忆铮铮铁骨的张健民》，《峥嵘岁月——张健民同志专辑》，第58页。

至关重要的证明材料。这些内容在健民的家庭账本中有较多记载：

1972年4月1日，"为武汉市'五七干校'陈英写证明材料1份8页，对省专案组谈张会仁（省委干部）间接情况"。

1973年4月2日，"为吴从龙成分问题写信向尹正南同志介绍"；4日，"为王国臣同志（阳城老乡）写历史情况介绍信"。

1974年1月8日，"上午为张国宏写便信找白省成同志（同乡）谈问题"。

1980年12月6日，"上午为从龙同志给太原市机械局党委写证明牺盟会情况"；2月3日，"下午收宣传部发为张希舜同志平反通知我收存！写好向省委对被清查申请书"。

1981年4月15日，"下午接待了解张平同志参加牺盟会情况者写了介绍"；4月19日，"下午为白仁甫经历问题写给李敏唐同志信"；5月15日，"收段世鑫来信要求回忆让其任汉上抗日村长事"；6月10日，"下午崔起元托许昌来二人求援调材，转永盛帮忙"。

1983年12月19日，"下午为郭佑民同志写1942年、（19）44年任马寨村战委主任脱产事"。

1986年4月7日，"下午阳城法院来员索去为李更午起义投诚证明信"；5月21日，"下午写王国臣证明材料交老干部处王先琦同志"。

由于山西是八路军坚持抗战的根据地，在抗战前期和中期，一批革命干部曾参加过统一战线性质的爱国抗日组织"牺盟会"和"决死队"。在"文革"初期的1966年至1968年间，全国各地的造反派为了将一些老同志打成"走资派""叛徒""特务""历史反革命"，曾想尽办法搜集对这些老同志"不利"的相关证据，其中来山西省调查就是一个方法。在那个极左的时期，造反派并不相信那些受冲击的老同志本人所讲情况或所做证明，他们找的证人之中，有些虽然没有受到冲击，但在造反派拍桌子、瞪眼睛的厉声责问中，往往也选择明哲保身，推脱说自己不了解情况，不谈、不讲、不做相关的证明。

当时山西有关部门知道张健民曾参加过"牺盟会"，于是就把这些造反派的外调人员推给了他。健民的儿子张原魁那时候十三四岁，他经常在家中看到这些陌生人进进出出。一些造反派认为"牺盟会"和"决死队"是阎锡山创办的，所以得出了"反动军阀办的就是反动组织"的结论。他们声色俱厉地拍桌子瞪眼睛，强迫健民按他们的意思写出证明材料。但经受过战火洗礼的革命干部健民并没有在造反派面前畏缩，他据理力争，坚持依据亲身经历写出符合历史事实的书面证明材料。①

张健民的五儿子张殿魁对于这点也记忆颇深。他记得父亲当时经常和造反派激烈辩论，有时候甚至会争执到凌晨两三点钟。一些造反派没有达到目的，第二天又会再次

---

① 张原魁：《他是一个这样的人》，《峥嵘岁月——张健民同志专辑》，第196页。

来到张健民家，反反复复地纠缠不休，最后造反派甚至做出妥协，要健民出具"牺盟会不属于进步组织"的意见就行。但健民依旧不答应，坚持只出具实事求是的证明材料。那个时期，只有10岁出头的小殿魁，在晚上常常被家中激烈的争论声和浓烈的烟草味弄醒，这些都成为他独特的童年回忆。

四儿子张原魁还回忆了关于父亲的另一件事。"文革"期间，曾有一位在省政府工作的红军时期参加革命的老干部，来到家中劝健民支持"文革"中通过造反夺权而登上山西省革命委员会一把手位置的刘格平，并在支持信上签名表"忠心"。健民和这位老干部很熟悉，但在这样的原则问题上，他耿直求真的性格再一次显露出来。健民直言不讳地对这位老干部说："写孝忠支持信，这不是我们共产党人的作风，这个名我不签！"[1]

1986年4月8日，健民给自己提了四句打油诗，用文字为自己画了一幅自画像：

水平不高，

本领不大，

不谋私利，

不说假话。

---

① 张原魁：《他是一个这样的人》，《峥嵘岁月——张健民同志专辑》，第198页。

"不说假话"四个字，虽朴实直白，但却恰恰印证了健民一生的道德底线和行为准则。平心而论，健民这样执拗较真的性格，注定会给他的人生平添无数曲折坎坷。我有时候还在想，倘若他的性格能够再柔和一些，说话能够再注意方式方法一些，做人做事能够再灵活一些，也许他在官场上还能取得更多"进步"。但我转念一想，若是那样，他还是张健民吗？

账本里的物质生活与精神生活

从津贴到工资

在大致了解了健民早期求学、入党、抗战经历后，让我们把目光再转向账本，并细细地探究一番吧。

要研究张健民先生的家庭账本，就绕不开"新中国的工资制度"这个话题。毕竟开始领固定工资这件事，是促使健民开始记录家庭账本的最主要原因。

张健民所记录的家庭账目中，有一项内容是贯穿 41 年始终的，那就是家庭收入。健民家庭收入的主要来源与当时中国大多数城镇居民家庭一样是夫妻双方或一方的工资。在健民记账初期，这项收入还被称为"津贴"（1955 年 7 月改为工资制），而他之所以从 1952 年开始记录家庭账目，与那一年国家开始实行津贴改革有很大关系。

新中国成立初期，百废待兴，全国范围内存在物价不稳、财经制度不统一的严重问题。当时国内三种截然不同的工资制度并存：第一种是解放区曾经实行的供给制，即按照工作和生活必不可少的需要，对公职人员免费供给生活必需品的一种分配制度，包括伙食、服装、津贴（零用钱）以及随军子女供给（保育费、保姆费等）。[①] 其中伙食标准分大、中、小灶（战时只分大、小灶），小灶伙食标

---

① 黄定康、舒克勤主编《中国的工资调整与改革（1949—1991）》，四川人民出版社，1991，第 11 页。

准是大灶的 1.8 倍；津贴有"普通"和"特别"之分，普通津贴按职务分为 4 级，每人都有，特别津贴只有担任部长以上职务的领导干部才能享用。在 1952 年 2 月，高级领导干部的供给标准（含伙食、服装、津贴）是一般工作人员供给标准的 5.4 倍。三种工资制度中，供给制是主流，国家机关实行供给制的人员有 100 多万。[1] 第二种是原国民政府公教人员实行的官等官俸制度，适用群体不大，这种制度本身是新旧政权更替时的过渡手段。第三种是在东北和内蒙古地区参照苏联模式尝试建立的八级工资制度。八级工资制的推行是一个渐进的过程：最早于 1950 年推行于东北等地；1952 年开始在全国各大行政区的工业、建筑、交通部门的大部分企业推行；1955 年召开的全国工资会议进一步确定八级工资制，1956 年第二次工资改革时，推行至全国大部分企业。八级工资制是工人工资制度的一种。[2]

随着国民经济的逐渐恢复，对旧工资制度的改革、对全国工资制度进行合理调整就成为当务之急。显然，对我们的主人公来说，其所面临的是从供给制到工资制的改革。新中国成立初期，国家机关中绝大多数工作人员实行供给制。供给制的建立，是以保证部队的战斗力为首要目的，后方党政干部及相关工作人员的生活需要都在其次。[3] 所

---

① 武力主编《中华人民共和国经济史》（上），中国时代经济出版社，2010，第 126 页。

② 《法学词典》编辑委员会编《法学词典》，1980，第 7 页；中南矿冶学院政治课组编《政治经济学名词解释》，1975，第 4 页。

③ 杨奎松：《从供给制到职务等级工资制——新中国成立前后党政人员收入分配制度的演变》，《历史研究》2007 年第 4 期。

以，革命胜利后，必然要逐步对供给制进行改革。1952年3月，政务院发布了《关于全国供给制工作人员统一增加津贴的通知》，将津贴改为以货币计算。全国机关人员划分为10等24级，将伙食、服装、津贴合并为一个统一的标准，并予以适当提高。级别由人事部门与本单位会商后划定，供给经费统一纳入财政开支，级别最高的每月工资合计386.42元，最低的18.32元。这次统一增加津贴的办法，虽然只试行了4个月，但对当时的供给制进行了较大改革，为实行工资制度打下了一定的基础。[①]

1952年7月，36岁的健民已经从中共阳城县委书记的职位上，调任长治地委秘书长。实行津贴制度后，他开始记录家庭账本。账本上的记录时间开始于1952年7月，健民在7月5日那天记录道："付事务处六月份伙食费补足洋68650元。"20日记录："收到七月份津贴及个人生活余额洋435220元。"30日记录："收双俊津贴、保育费一个洋50000元。"当时，币制改革尚未实施，1万元等于1955年币制改革后的1元。折算一下，健民每个月的伙食补助大约相当于币制改革后的6.9元，个人津贴及生活费余额大约44元，妻子的津贴及保育费5元。

由于供给制和工资制两种制度同时存在，不仅影响干部之间的团结，而且也不符合"按劳分配"和"同工同酬"

[①] 余兴安主编《当代中国人事制度》下册，中国社会科学出版社，2022，第443页；武力主编《中华人民共和国经济史》（上），第126~127页。

的原则，为了解决这一问题，1955 年 8 月，国务院颁布了《关于国家机关工作人员全部改为工资制度和改行货币工资制的命令》，从 1955 年 7 月起执行。全部改行工资制以后，工作人员及其家属的一切费用均由个人负担，住房、家具、水电费及子女入托费一律缴租缴费。①

与之对应的，就是健民先生在 1955 年 7 月 2 日记录的当月第一条账目，就是 7 月份的工资，为 110.20 元，健民先生还特别在括号里标注为"改制第一个月"。而他的妻子上官双俊同志，当月工资为 60 元。此时张健民已经调回省委统战部，专管对资本主义工商业的改造工作。

随着新中国大规模经济建设的开展，干部队伍的规模也快速增大，机构类型日益复杂。鉴于此种情况，工资制度的进一步改革也势在必行。1956 年，国务院发布了《关于工资改革的决定》，开启了新的工资制度改革。这一次的工资制度改革，在全国范围内统一了职工工资标准，奠定了我国现行工资制度的基础。此外，与《关于工资改革的决定》相配套，国务院还印发了《关于颁发国家机关工作人员工资方案的通知》，编制了国家机关工作人员的工资标准表。

健民在 1956 年正担任山西省政府对资改造办公室副主任一职，按照账本中的收入数字并对比国家机关工作人员工资标准表，他当时拿的应该是 14 级工资。

---

　　① 余兴安主编《当代中国人事制度》下册，第 446 页。

基于上述几次国家推行的工资制度改革，健民夫妻二人的月工资也相应地发生了几次变化：1955 年 10 月份时，张健民先生的月工资变成 129.4 元，单位行政处还给他补发了 7~9 月份的工资共 41.52 元，而妻子双俊补发三个月工资 13 元；11 月时，张健民先生的工资变为 149.4 元，妻子双俊为 70 元；到了 1956 年 8 月份，健民先生的工资涨到了 168 元，妻子双俊的工资涨到了 80 元左右。1957 年一年，健民先生的月工资一直是 168 元，而妻子双俊的月工资则涨到了 96 元。

健民的工资，会随着国家层面的改革而相应发生变化。比如《关于工资改革的决定》中明确提出，通过这次改革，机关和企事业单位工资要提高 14.5%。按照当时新拟的工资标准，14 级工资标准增加幅度为 13.21%。根据账本记录，健民的月工资当时由 149.5 元涨到了 168 元，涨幅恰好就是 13% 左右。

1956 年工资制度改革后不久，毛泽东就在八届二中全会上对当时的国家机关工作人员工资标准提出了批评："现在高级干部拿的薪金和人民生活水平相比，悬殊是太大了，将来可以考虑也减少一些薪金。"毛泽东的批评引起周恩来等领导人的重视。1956 年的工资改革刚刚完成，国务院就迅速拟定降薪方案，上报中共中央。经毛泽东和中共中央批准后，[①] 中共中央、国务院于 1957 年 1 月、1959 年 3 月和

---

① 杨奎松：《从供给制到职务等级工资制——新中国成立前后党政人员收入分配制度的演变》，《历史研究》2007 年第 4 期。

1960年9月分三次降低了部分领导干部的工资。按照国家机关工作人员工资标准表中的等级，第一次降低的是10级以上干部的工资标准。[①] 第二次是将前三级合并为一级，统一降低到400元；第三次是将17级以上行政人员工资按比例降低，比如9级到17级各降1%。[②] 1960年9月这次降工资，健民也受到了影响，这种变化反映在他的账本之中。

1960年9月，健民的月工资还是168元，而到了10月，他在账本中记录："10月13日，收10月份工资洋（–1%）166.32元（中央定）。"这条账目记录恰好印证了1960年10月第三次降资改革。为此，单位还专门给健民发了一纸《通知》，上边写道："根据中央规定，你的工资从一九六〇年十月份起，降低百分之一。"落款为"省委办公厅行政处"。细节反映历史，健民的账本中关于工资收入的记录，详细地反映了新中国初期一系列工资制度改革的实施过程。

此后，健民的工资保持了23年基本无变化。一直到1983年，沉睡已久的工资制度改革才再次拉开帷幕。当年的3月份，健民先生的月工资调整到194元，单位并于当月补发了1982年10月份之后5个月的调资收入。

但此时，干了一辈子革命工作的健民同志已经快光荣离休了。从1985年开始，健民每年除了按月继续领工资及补助外（从刚开始离休时的每月229.8元，到1993年5月

---

① 陈少平：《国家机关和事业单位工资制度变革》，中国人事出版社，1992，第90页。

② 余兴安主编《当代中国人事制度》下册，第521页。

去世时达 484.24 元），还可以多领两个月的离休工资（从
1985 年的 377.20 元到 1993 年的 623.2 元）。

我曾经咨询过我的父母，关于他们的父辈在新中国成
立之后到改革开放前的收入情况。我的父亲回忆，在 1960
年代，我的爷爷属于铁路系统机务段的高级技术工人，在
技术工人八个等级的序列中排第二位，仅次于最高的 8 级，
每月工资能够达到 90 元。八级工资制度是新中国成立后借
鉴苏联的工资模式而建立起来的，目的是提高工人对技术
钻研的积极性，1956 年在全国企业中施行推广。当时八级
工是很牛的，因为月工资能够达到 108 元，是一级工 28 元
月工资的 3.9 倍。父亲说，当年他家在同一片排房宿舍区，
生活条件最好。因为他的父亲收入高，而家中只有他和姐
姐两个孩子。90 元月工资养活一家四口绰绰有余且能够保
证生活富足。

我的姥爷在 1980 年代离休时，属于副科级，只能达到
19 级干部工资标准。我妈妈回忆，那时候姥爷的月工资是
80 元，但因为姥爷和姥姥只养育了 3 个子女，所以生活压
力也不算太大。

通过对比可知，健民和妻子双俊同志的工资收入和各
项福利补助，在当年算很高的。但由于他们夫妻俩要养育
9 个孩子，每月吃喝拉撒、柴米油盐、上学求医之外，基
本所剩不多，经济压力可想而知。所以他夫妻俩辛苦了一
辈子，最终也没有给子女们留下什么财产。这也是革命年
代走出来的老干部们普遍的情况。

收入与支出

健民账本记录时间从 1952 年一直持续到了 1993 年，可以说跨越了新中国成立后各个重要历史时期。但这些账本毕竟不是一本简明新中国史，况且，健民先生当初记账的初衷也并非记录历史。那么张健民先生为何要从 1952 年起开始记账呢？如前所述，我想大概有四条理由：第一，年幼时经历的家庭经济贫困，让张健民在对待金钱的态度上极度认真仔细；第二，正如我在本书开头所说，山西人自古有记账的传统，把家庭开支逐笔记录是许多山西普通百姓的习惯；第三，1952 年国家干部开始实行津贴，后又改为工资制，张健民作为国家干部每月有了固定货币收入，他需要以记账的方式来确保家庭收支安排得当；第四，张健民那时刚刚经过了"三反""五反"运动，其间还曾因养子李阳生的烈属补助费一事被人告状，所以行事更加谨慎小心。记账可以确保自己"事清理明"，不给人留把柄。

张健民的家庭账本，除了记账外，还兼具记事功能。他会把自己在生活、工作中印象深刻或感触颇深的人或事，做两三句简短记录，甚至偶尔会在账本中流露个人的感情。这使得其账本兼具个人大事记，甚至日记的功能。

当然，研究健民的家庭账本最绕不开的，就是他家的收入及支出，因为这两项内容几乎占据了账本 80% 的体量。以这些详细记载的账目为依据，我们可以较为详细地计算出健民一家每年、每月的大致收支情况。

平心而论，相对绝大多数靠工资收入过活的普通中国家庭来说，以健民及妻子双俊的革命资历、工作时间、职务级别，他们夫妻俩从 1950 年代到 1980 年代的工资收入以"高薪"来形容并不夸张。1960 年，健民的月工资为 168 元，妻子上官双俊的月工资为 96 元。而在当年，中国国有单位职工年平均工资只有 528 元，也就是每月 44 元，城镇集体工人的年平均工资为 409 元，即每月 34 元。[①]

以此为标准，健民的账本在研究中国普通居民家庭经济状况方面，似乎并不具有代表性。但连父母带孩子外加保姆、奶妈一共 13 口人需要供养的特殊之处，又把张家的收入优势抵消掉了大半。所以张家在收入、支出上的通盘统筹、在吃穿用度方面的节俭克制，仍然可以显露出健民在平衡家庭收支方面付出的巨大心血，而这样的经验是和成千上万的普通家庭相通的。

我分别在 1950 年代、1960 年代、1970 年代三个时段各居中选择一年，再随机选择当年的一个居中月份，来计算张家当月的收入和支出（包括全年性常规收入和支出在当月中的所占份额），以此来把握健民一家人的收支总账在这 30 年间的变化情况。

1950 年代，我选择了 1958 年 5 月份。

① 中华人民共和国国家统计局编《新中国六十五年》，中国统计出版社，2014，第 173 页。

账本里的物质生活与精神生活

在 1958 年的中国，如果你打开报纸，会扑面感受到一股昂扬的激情。北京电视台首播、人民英雄纪念碑建成、千年血吸虫病被消灭，新事物、新工程、新壮举在新中国层出不穷。与此同时，"大跃进"如火如荼。

当年 5 月，根据家庭账本中的记载，张家固定收入包括：健民的月工资 168 元，妻子上官双俊的月工资 96 元。另外，张家每年的常规收入还包括冬季取暖补助费、多子女补助费、民政局发放的各项优抚费（养子阳生属于烈士子女）以及银行储蓄利息等。当时健民家几乎每月有固定利息收入，比如 1956 年 3 月健民就记录收都督街储蓄所存款本息洋 315.9 元（半年期）；4 月记录收储蓄所本息洋 531.50 元（半年期）。除工资以外的家庭收入在账本中均有明确的记录，但并不一定体现在每个月的固定收入之中，故无法准确统计。

另外，健民先生的其他收入还包括稿费，1954 年 12 月 29 日，他就收到了山西日报社发给他的 230000 元（合新币 23 元），这是他在《山西日报》发表社论的稿费。

关于民政局发放给阳生的各项补助，在健民的账本中有多次记载，比如：1960 年 11 月 30 日，"收太原市民政局补助阳生 11~12 月学习费 13.40 元"；1961 年 8 月 13 日，"补收阳生下半年生活补助洋 40.20 元"；1963 年 1 月 14 日，"收阳生 1~3 月份生活补助洋 20.10 元"，10 月 26 日，"收阳生领回民政局补助学洋 30 元"；1964 年 4 月 30 日，"收阳生领得公费补助洋 30 元"；等等。

后来我采访健民的小儿子张炎魁先生得知，当年因为父亲领取养子李阳生的烈属补助费，还被他人告状，认为李阳生不姓张，所以张家并没有资格领取这笔烈士子女补助费用。所以健民坚决把自己领取过的补助全部退还给了民政局。这些内容也在账本中都有记录。比如1962年12月24日，"付阳生退太原民政局抚恤金650元"。

张家5月份的固定支出包括：每月房租、用具折旧、水电垃圾等费用9.59元；大女儿志琳、大儿子整魁、养子阳生三个孩子在九一小学寄宿，一个月的伙食费及零用钱为30元；按照职务级别，张健民在单位中食堂吃饭，每个月单位预扣伙食费25元（但每月均有退费）；三儿子书魁在康乐幼儿园一个月的保育费为23元，二女儿访荣在机关保育院，一个月保育费15元，刚出生的三女儿薇荣一个月奶费18元；全家订牛奶按照每日一斤计算，一个月的费用为10.2元；奶母赵小女奶费18元，保姆石烈珍工资12元；党费1.7元；健民购买香烟的支出不固定，以当时他经常抽的恒大烟为例，价格为3.30元一条，每月至少3条，共计10元左右；购买书籍的费用虽然不多，但基本上每月都有，此处计10元。此外，就是购买柴米油盐酱醋茶等的日常开销、家庭成员零用钱、人情往来、看病看戏等费用。此处无法细算，故也粗略计50元。比如1958年4月份健民家的支出包括买粮油、孩子们的衣服鞋袜、双俊的围巾等，共花费58元；8月份买粮油、煤炭，孩子书包、衣服、挂号看病、零用钱共支洋70元左右。所以50元是一个比较保守的估计。

从以上统计数据大致计算得出如下结论：在 1958 年 5 月，健民全家月收入大概 284 元，支出 233 元左右，收支相抵后有 51 元的结余，比当时太原铁路局职工的月平均工资低 10 元左右。[①]

1960 年代，我选择的是 1965 年的 5 月份。这一年，因为美国入侵越南北方、中苏关系恶化，中国开始大力推进"三线"建设，随着新编历史剧《海瑞罢官》被批判，一场长达十年的政治运动也将声势浩大地拉开帷幕。

1965 年 5 月，张家固定收入包括：健民的月工资、粮补为 166.50 元，与 7 年前相比，不涨反降了 1.5 元；妻子上官双俊的月工资 107.02 元，与 7 年前相比涨了 11.02 元。夫妻俩当月工资收入共计 273.52 元。需要说明的是，健民夫妻二人还有一笔储蓄利息的收入，1965 年一共记录过三次：4 月份收储代所存款本息洋 387.34 元，但立刻又把零头补齐存了整 400 元进去；8 月份记录收储代所存款本息洋 318.39 元，存入储代所洋 300 元；9 月份也有一次同样数额的存取记录，取 318.36 元，存 300 元；其他月份亦每每有记录。通过 8、9 月份的记录，我猜想大概健民家每月还会有 20 元左右的固定储蓄利息收入。

对照当年的居民存款数据，健民家 4 月份的那笔 400

---

① 1956~1959 年，太原铁路局石家庄分局每人每月平均工资为 61.94 元。《石家庄铁路分局志》编辑委员会编《石家庄铁路分局志（1897—1990）》，中国铁道出版社，1997，第 317~318 页。

元的储蓄，金额是很大的。1965年，全国城乡居民人民币储蓄存款年底余额为65.2亿元，其中定期储蓄人均43.4元，活期储蓄人均21.8元。[①]

这一个月张家的固定支出包括：每月房租、水电等费用10.56元。大儿子整魁于1963年考上了中国人民大学，这是全家的大喜事，但相应开支也会增加。1965年全年健民共给过儿子整魁学费、伙食费5次，共计280元，抛开寒暑假，平均每月40元左右。三儿子书魁、二女儿访荣每个月的伙食费各10元，小女儿薇荣的白托费2元。本月全家订牛奶15.5斤，计4.03元。保姆石烈珍依旧在张家工作，工资比7年前相比每月涨了3元，为15元。每月交党费依旧为1.7元。健民每月还有两项雷打不动的开销就是买烟和买书，本月共购买了凤凰、迎泽烟各一条，大前门、海河烟各半条，共花费了12.60元。本月购买了《南方风景》等书，大概花费了7元。本月张家有一项较大支出就是购买煤炭，前后共有4次购买记录，花费33.35元，此外还购买了3次共4车烧土，计4元。健民每个月都会给妻子双俊家用钱，次数、金额不等，毕竟他不可能凡事亲力亲为，有些日常家务琐事是妻子经手的，本月这笔钱给了5次，共计38.5元。本月购买白面、小米、玉米面等粮食26.40元，蔬菜、油盐酱醋、牙刷肥皂等日常生活用品，大概为14.5元。

最后一项就是几个孩子的日常费用，咱们从大往小的

----

① 《新中国六十五年》，第204页。

说：本月给整魁买裤衩；给书魁零用钱、买篮球；给访荣买塑料凉鞋；给原魁零用钱，买布鞋、红领巾；给殿魁看病、零用钱，买红领巾、草本、塑料凉鞋；给薇荣买草本；给炎魁看病，买衣料和凉帽，买海军衬衣、玩具等。此外还有带孩子们洗澡、理发。这些费用都不大，共计约 20 元。

虽然有好几个孩子在回忆父亲的文章中，都提到了父亲对待孩子们态度的严厉与不近人情，但我还是从这一笔笔琐碎的购买账目中，看到了一个关爱子女成长的慈父形象。

通过计算以上数据大致得出如下结论：在 1965 年的 5 月份，健民全家的月收入约 293.5 元，支出约 249.64 元，结余 43.9 元左右。与上一个 10 年相比，每月结余基本保持不变。我想，健民家存在代储所里挣利息的本金，应该就是夫妻俩每月这么积攒出来的。

当然，这个收支情况只是我大概计算，因为张家的固定收入不会变，但支出却会随时增加。比如当年的 9 月份，张家便新增加了一笔每月 15 元的固定支出：已经满 6 岁的炎魁被送到保育院了，每个月要支出 15 元的保育费。

由此可以得出结论，健民一家在 1965 年的经济状况，与 7 年前相比没有大的变化。

1970 年代，我选择了 1975 年，而不再选择具体月份。因为"文革"尚未结束，无论是个人、家庭，还是单位、社会，都还没有恢复常态。

1969 年底，健民参加了华北地区统战系统在石家庄举办的毛泽东思想学习班后，很快就被下放到了临汾安泽。

1970 年 7 月份的家庭账本中，记录了许多因此而产生的购买记录。

综合全年的记录，健民家在这一年每个月的固定收入包括：健民的月工资 166.50 元（一个时期内改由安泽县革委会和古县革委会发放），妻子上官双俊的月工资 106 元左右。夫妻俩月工资收入共计 272 元左右，与 10 年前的 1965 年相比依旧没有任何变化。不过当时，阳生、书魁、原魁都参加了工作，而且给家中上交生活费，由父母统一管理支配。比如 1975 年 11 月 25 日健民记录"收书魁两月工资、烤火费 56 元"；1976 年 1 月 21 日记录"收原魁交回工资洋 30 元"；1 月 22 日记录"收书魁交一月份工资 25 元"；等等。

父母的心永远是向下疼爱的，健民夫妇虽然每月严格要求儿子们上交部分工资作为生活费，但这更多是象征意义，因为儿子们用钱时，往往是上交的少，要回的多。比如 1970 年代阳生和书魁都成家了，健民两口子当然需要在经济上支援孩子，每一个孩子的婚礼都会包括饭费、买衣服、买手表、外出旅行等大额开支，每次都会花费数百元不等。

这一年张家平均每月的固定支出大致包括：房租 6.90 元；家中买粮食等需要 27 元左右；健民买烟花费 30 元左右，买书 15 元左右；给妻子双俊家用钱平均 30 元左右；其他日用品杂七杂八的 30 元左右。显而易见，孩子们一个个就业、成家后，家庭账目就不太容易算清楚了，但总的来说，在 1970 年代，健民全家平均月收入比 1960 年代要多一些，每月平均支出要比 1960 年代少一些。因为以前花销最多的就是孩子们，孩子们纷纷就业、成家后，花钱的地方少了，所以从账面上看，健民家每个月的结余多了。但每一个孩子结婚健民需要支出的大笔款项，却又是实实在在的，这些支出无法计入每一个月的收支账目中。

综合参考健民一家在 1950 年代、1960 年代、1970 年代三个时期的收入及支出，我发现，在新中国成立后的 30 年，对于普通城镇居民来说，无论是高级干部，还是一般工人，家庭收入差距会有，但不会有高达十倍、百倍的天壤之别。而每一个家庭的经济压力大小，也与这个家庭中人口数量的多少有很大关系。即便是高级干部的家庭，如果子女众多，一样需要吃饭穿衣量家当，而不能在经济上任性而为。毕竟，那个时代并没有什么天价的高消费项目，也没有动辄掏空一家几代人腰包的买房需求。养育子女就是一个家庭最大的消费支出。

换句话说，那是一个人与人、家庭与家庭经济条件相对平均的时代。

第一套人民币

在健民早期的账本记录中，也就是从开始记账的 1952 年 7 月，一直到 1955 年的 3 月 2 日之前，这两年零八个月的账目，数字都异常的"巨大"，动辄以"万"为单位。比如 1962 年 7 月 4 日，"买白瓷缸 1 个支洋 10600 元"。8 月 27 日，"买蚊帐纱料一匹支洋 113400 元；12 月 1 日收总务科十一月份津贴及伙食费结余洋 459268 元"，等等。

当时健民所使用的货币是 1948 年 12 月 1 日开始发行的，直到 1955 年停用，共有 12 种面值 62 种版别，最小面值 1 元，最大面值 50000 元，各种面值共计 176602 元，也是目前新中国货币版式最多的一套。若单纯按照数字来衡量，那时候所有中国家庭都够得上"万元户"，甚至简直人人都是"百万富翁"。但事实上，第一套人民币中的 1 万元，只相当于第二套人民币的 1 元。

如此算来，健民先生买的那个白瓷缸，实际只花了 1 元零 6 分；买的那匹蚊帐纱料，实际只花了 11 元 3 角 4 分；而他 11 月份津贴及伙食费结余，实际上只有 45 元 9 角 2 分罢了。

为什么第一套人民币的面值会那么巨大呢？要回答这个问题，需要回顾新中国的货币发行历史。当然，我不是这个领域的专门研究者，所以以下内容，部分参考了顾雅君先生编著的《中国货币演进史》。

中华人民共和国自发行人民币以来，前后历时 70 多年，一共发行了五套人民币，目前第一套、第二套、第三套和第四套人民币已经退出了流通领域。而现在流通的人民币，是中国人民银行自 1999 年发行的第五套人民币。

　　而这五套人民币中，成分来源最复杂的当属第一套人民币了。第一套人民币是从 1948 年 12 月 1 日中国人民银行成立时开始发行的。它从开始发行到 1955 年 5 月 10 日停止流通使用，一共历时 6 年 5 个月。

　　第一套人民币发行时所面临的局面很复杂。当时新中国还没有成立，全国各地分布着许多大小不一、彼此独立运行的革命根据地和解放区，因为长期被敌人分割封锁，所以各个地方都如同一个个独立的"经济体"，当然也都有属于自己的货币在流通。

　　抗日战争胜利后，各解放区人民政府就曾开展统一货币的工作。比如华中解放区发行了统一的华中币，在此之前，新四军开辟的各个抗日根据地发行了许多种名称不同、市值不等的地方货币，这些地方货币随着华中币的发行而被收回，华中解放区的货币至此统一。其他解放区也纷纷跟进，采取了类似的统一货币措施。

　　1947 年夏，国共内战进入人民解放军反攻阶段，华北、西北、华东解放区逐步连成一片，各解放区之间贸易联系、物资交流也开始越来越频繁。但此时"没有统一货币"这个弊端成为横亘在各个解放区经济发展和贸易往来面前的一座大山，全国迫切需要改变各解放区货币版别多、种类繁杂、比价不同、相互折算不便的状况。

　　统一各解放区货币成为当务之急，第一套人民币应运而生。1947 年 10 月 24 日，中共中央华北财经办事处成立，统一领导华北区财经工作。财经办事处成立后的第一件事，就是着手开展统一货币工作，各个解放区的货币也就纷纷停止发行。首先停止发行的，是晋察冀边区银行币，而晋冀鲁豫边区的冀南银行币成为华北解放区的统一货币。1948年1月，西北解放区的陕甘宁边区银行币也停止发行，晋绥边区的西北农民银行币成为西北解放区的统一货币。同年10月，山东解放区的北海银行币、华北解放区的冀南银行币、西北解放区的西北农民银行币相互流通。1948年12月1日，由华北银行、北海银行、西北农业银行合并组成中国人民银行，并开始发行第一套人民币。

中国人民银行成立后发行的第一套人民币上的"中国人民银行"六字，由当时的华北人民政府主席董必武题写。第一批发行的人民币有10元、20元和50元三种券别，首先在华北、山东和西北三大解放区流通使用。随后发行了1元、5元和100元三种券别的人民币。此后，各种券别和版面的人民币逐步推广到全国各个解放区。

1949年1月，北平解放，中国人民银行总行迁到北平。中华人民共和国成立后，各大区和省、自治区、直辖市中国人民银行分行相继成立。1951年底，除西藏和台湾地区外，全国范围内货币已经统一，人民币成为我国唯一的合法货币。到1953年12月，人民币发行券别有1元券、5元券、10元券、20元券、50元券、100元券、200元券、500元券、1000元券、5000元券、10000元券、50000元券等12种，版别共62种。其中，1元券2种、5元券4种、10元券4种、20元券7种、50元券7

种、100 元券 10 种、200 元券 5 种、500 元券 6 种、1000 元券 6 种、5000 元券 5 种、10000 元券 4 种、50000 元券 2 种。

统一发行第一套人民币意义重大，它清除了国民党政府发行的各种货币，初步结束了国民党统治下几十年的通货膨胀和中国近百年外币、金银在市场流通、买卖的历史，加速了人民解放战争的全面胜利，在新中国成立之初对恢复经济发挥了重要作用。

当然，由于初期各种条件的限制，第一套人民币也存在着种种问题。

首先，它的设计思想不够统一，内容繁杂而主题不明确。人民币上的图案既有反映工农业生产的劳动场面，也有反映交通运输的情景，还有反映北京等地名胜古迹的，不一而足，五花八门。

其次，它的种类过多，面额差别大。从 1948 年 12 月到 1953 年 12 月，第一套人民币共印制发行了 12 种面额 62 种版别，最小面额只有 1 元，最大面额则是50000 元。

最后，它的印制工艺庞杂，质量参差不齐。当时为了满足解放区战争的需要，第一套人民币的印制、发行速度极快，在设备陈旧、落后的情况下还要追求速度，就像"快鞭赶老牛，老牛拉破车"。实际印制过程中采取了老厂新厂一齐上，新旧设备一起用，印刷工艺上也同时采用了石印、凸印、凹印、胶印、凸凹合印、凸胶合印、胶凹套印 7 种技术，纸张、油墨等主要原料更是就地取材、有啥用啥。因此，第一套人民币的质量参差不齐。

1955 年 3 月 1 日，新中国开始发行第二套人民币。当时的中国，已经基本消除了连年战争对于国民经济的影响，工农业生产得到了恢复和一定的发展，物价也已经基本稳定。国家财政方面，在收支平衡的基础之上，已经连续几年收入大于支出，国家商品库存、黄金储备也连年增加，货币制度也得到了巩固与健全。总而言之，战争之后、建国之初新中国最困难的时期已经度过。所以，第一套人民币历经 6 年零 5 个月终于完成了自己的历史使命，也该逐渐退出历史舞台了。

第二套人民币共 11 种面值，15 种版别，其中包括 1 分、2 分、5 分、1 角、2 角、5 角、1 元、2 元、3 元、5 元、10 元。新币与旧币的兑换比例为 1∶10000。

第二套人民币在设计、印制发行过程中，得到了周恩来、陈云等中央领导同志的极大关怀和高度重视。他们亲自审查了整个设计方案。在设计时，采纳了周总理提出的许多修改意见，使第二套人民币设计主题思想明确，印制工艺技术先进，主辅币结构合理，图案颜色新颖。因此，第二套人民币发行后，立即得到了民众的欢迎，称赞这套人民币好看、好认、好算、好使。第二套人民币成为我国第一套完整精致的货币，对健全我国货币制度、促进社会主义经济建设发挥了重要作用，也彻底清除了旧中国通货膨胀的阴影。

因为第一套人民币于 1955 年停用，所以从 1955 年 3 月 2 日那天开始，健民先生在账本上记录的数字，也就随之变小了。"收三月份包干费新洋 78.28 元，买公债支洋 30 元，交三月份伙食补足费 5.03 元。"在记录这天的第一笔账目时，细心的张健民还在数字 78.28 前面，特意标注了"新洋"二字。而健民先生账本上的数目字的数量级，也就从此稳定了下来，再没有变化。

账本上数字的变化背后蕴含着丰富的历史信息，这就是研究账本最有意思的地方：探究数字背后的含义，从中感受时代脉搏的跳动。

家有数架书

健民一生爱读书，更爱买书，这一点从他 1952 年开始记账后的第一条账目中，就可以看出来。那是 1952 年 7 月 2 日，健民在一本红色封面的 64 开记事本上，认真地记录下了两笔个人生活开销：订《时事手册》两份半年用洋 16800 元；买新词典等五本书用洋 55400 元。当天，健民只记录了两笔开销，都是关于买书的。这短短两条账目，还包含了三个有趣的历史细节。

《时事手册》创刊于 1950 年，是一本专注于国内国际时事新闻解读的半月刊出版物。单期定价 700 元，全年 24

期共 16800 元。在 1950 年 10 月 16 日出版的第一期创刊号上，对于出版主旨，当期的《编后记》中是这么描述的：

> 本刊的任务，是帮助读者熟悉国内国际的重要时事，并在群众中进行时事宣传。我们希望，县区干部和工厂干部特别是农村和工厂中的宣传员同志充分利用这个刊物。本刊内容以国内国际时事讲解为主，也酌量介绍宣传工作的实际经验。

在健民的早期购书记录中，《时事手册》是一个很重要的存在。他每年都会预订下一年度的刊物，而且还重复购买。比如 1952 年 7 月 2 日的第一笔账目中，健民订了下半年的《时事手册》，而且还订了两份。但在下半年的账本中，又记载他单独购买了 1952 年《时事手册》的第十三期，也是买了两本，共用洋 15900 元。1952 年 12 月 26 日，健民订 1953 年《时事手册》四期，支洋 2800 元。1953 年 3 月 2 日，他又订阅了 3~6 月份《时事手册》，支洋 4200 元。

当时，健民刚刚从中共阳城县委书记一职调任中共长治地委任秘书长，不久还兼任了统战部副部长。在这样重要的岗位上工作，需要健民具有较高的政策学习、宣传能力和政策执行能力，所以当时为数不多的官方出版刊物，就成为健民必买的工作参考资料。

几个儿子在怀念父亲的文章中，都写到父亲爱读书买书的习惯对他们成长过程的影响。

大儿子张整魁回忆：

　　父亲的藏书是很多的。他爱书、嗜书，可以说达到了近乎爱命的程度。在省委机关书店，他几乎每月都订购或现购若干书籍。以他当时低工资的有限收入，养活八九个孩子，还能不断买书，以致很多同事，甚至领导经常发问："老张，不见你借钱，还有能力买书？"战争艰苦年代，他曾经几个月行军没有行李被褥，但一套缴获来的《康熙字典》他却从未离身。[1]

三儿子张书魁回忆：

　　爸爸从事了一辈子统战、政协工作，为了充实理论基础，提高素养，一直坚持学习政治、历史等，家里的两个书架摆满了各个时期的政治学习读本，有马恩列斯全集和二十四史套书，另外，放不上架的书分装在几个大木箱子里。父亲这种严谨认真、好学不止的精神对我影响很大。[2]

---

[1]　张整魁:《无尽的追思》,《峥嵘岁月——张健民同志专辑》,第186页。
[2]　张书魁:《爸爸永远在我心中》,《峥嵘岁月——张健民同志专辑》,第192页。

从 1952 年 7 月 2 日开始，一直到 1992 年 4 月账本中，都有关于健民购书的账目记录。可以说是购书与学习的习惯，贯穿了他的大半生。根据我逐年、逐月对账本进行详细统计、计算，在长达 41 年的时间中，健民一共购买了各类书籍、报纸（包括给子女们买的儿童读物、文学读物）多达约 5137 本（套、期），花费的购书费用总计高达约 5171.5 元。平均每年都要购买约 125 本（套、期），花费约 126 元。

1950 年代，从 1952 年 7 月到 1959 年 12 月共 7 年半的时间里，健民一共购买了各类书籍、报纸、期刊共 1100 本（套、期），一共花费了 822.5 元。

1960 年代，从 1960 年 1 月到 1969 年 12 月这 10 年的时间里，健民一共购买了各类书籍、报纸、期刊共 1679 本（套、期），一共花费了 1233 元。

1970 年代，从 1970 年 1 月到 1979 年 12 月这 10 年的时间里，健民一共购买了各类书籍、报纸、期刊共 1216 本（套、期），一共花费了 983 元。

1980 年代，从 1980 年 1 月到 1989 年 12 月这 10 年的时间里，健民一共购买了各类书籍、报纸、期刊共 996 本（套、期），一共花费了 1636 元。

1990 年代，从 1990 年 1 月到 1993 年 5 月健民去世，他还购买了各类书籍、报纸、期刊共 146 本（套、期），一共花费了 497 元。

从以上这组数据也可以看出这 41 年间中国图书出版市

场上书籍、报刊价格的起伏变化情况。这一串数字，也代表了健民一生对于读书与学习的重视，难怪他的自传中有一句颇具代表性的诗句：

> 身外客物何所有，
>
> 一辈儿女数架书。

　　如果用账本中涉及的购书数量来印证的话，"数架书"这三个字当之无愧。

　　健民购买的书目种类繁多，涉及时政、历史、文学、书法等，但他主要喜欢读三类书，一类是时政，一类是历史，一类是文学。如果说文学类书籍是他个人兴趣爱好的话，时政及历史类书籍则体现了一名干部对社会政策发展方向及时了解与把握的需要，以及对历史的思索与探究。每逢反映社会发展进程的时政类书刊出版，健民必要买回去深入学习，这与他从事的工作有关，也跟他本人做事、做人的态度有关。在新中国成立之后相当长的一个时期，图书出版市场具有很强的政治属性，图书大多配合宣传国家大政方针以及国内外时事政治。而健民无论是在解放初期从事的工商业改造工作、"文革"前所从事的统战工作，还是"文革"后从事的政协工作、地方志研究工作，都需要了解国家的大政方针，以及国家相关政策制定的背景与逻辑。其中，新中国成立后大大小小、形形色色的改造、建设项目与各类政治运动在健民所购买的图书中多有反映。

1951 年 12 月～1952 年 10 月，中共中央开展"三反""五反"运动，健民在 1952 年的购书记录中，就出现了《三反五反文件》这本书；历时两年的全国新解放区土地改革基本完成，健民买了《农业社问题》；国家开展大规模扫盲运动，健民买了《干部速成识字阅读本》；国家在知识界开展学习教育运动，健民买了《中国共产党的三十年》《争取做共产党员》《社会主义与共产主义》《条条道路通向社会主义》《三年来新中国经济成就》《政治常识读本》《共产党宣言名词解释》《为新中国奋斗》《共产党员修养》《读〈湖南农运考察报告〉》《论毛泽东思想》《人民民主建设》。

1953 年，国家施行"一化三改"（即逐步实现国家的社会主义工业化和逐步实现国家对农业、手工业、资本主义工商业的社会主义改造），健民买了《从原始公社到资本主义》、《工商业改造》和《生产力与生产关系》；被称为"老大哥"的苏联专家来了，学习俄语和苏联文化成为时尚，健民一口气买了《访苏记》《学习〈苏联社会主义经济问题〉》《马林科夫报告》《苏社经济参考》《苏联社会主义经济参考及社会科学书》《马列主义与民族问题》《苏共党章论》等多本与苏联有关的书籍；斯大林逝世，健民买了精装的《斯大林传略》《斯大林全集》；国家宣传新颁布的《婚姻法》，健民立刻购入一本《婚姻法》小册子。

1954 年，全国各地举行人民代表选举时，健民购买了《全国人民代表大会及地方各级人民组织法》和《国务院组织条例》；国家召开了全国人大一次会议，通过了新中国第一部《宪法》，健民便购买了《学习宪法参考》小册子和《周总理政府工作报告》；全国开展对《红楼梦》研究中"资产阶级唯心论倾向"的大批判，健民的购书清单里便添了俞平伯的《红楼梦研究》。

1955 年，全国社会主义改造明显加快，健民买了《中国的社会主义改造》；全国农村开始大办农业高级生产合作社，健民买了《关于农业生产互助合作的决议》和赵树理写的小说《三里湾》；全国对胡风文艺思想进行公开批判，健民买了《胡风反革命集团的材料》；中央发布第一个五年计划，简称"一五"计划，健民便买了《五年计划名词解释》；国家要根治黄河水害，健民便买了《根治黄河报告》；中央认为"节制生育是关系广大人民生活的一项重大政策性的问题"，健民便买了《避孕常识》小册子。

1956 年，《人民日报》开始横排版，国务院公布了《汉字简化方案》，健民便购买了《汉字简化方案》手册；各地基本完成社会主义改造任务，健民买了一套三本的《中国农村社会主义高潮》；苏共二十大期间，赫鲁晓夫做"秘密报告"，全面否定斯大林，健民购买了《唯物主义与经验批判主义》《无产阶级专政经验》《苏共二十次代表大会》《布尔加宁、赫鲁晓夫两报告》等书。

也许是因为赫鲁晓夫全面否定斯大林，给健民带来了困惑与迷茫，他试图从中国历史中探寻答案，1956 年这一年，他还花费"巨资"45 元购买了全套的《资治通鉴》，以及《文献通考》《皇朝文献通考》《续文献通考》等古籍线装书。

1957 年，中央发动"整风运动"，相伴而生的是"反右扩大化"，健民购买了《再论无产阶级专政的历史经验》《反杜林论》；经济学家马寅初提出节制人口的主张，《人民日报》发表关于节制生育的社论，健民购买了《避孕指南》一书。

1958 年，《人民日报》发表了毛泽东论"帝国主义和一切反动派都是纸老虎"的文章，全国迅速掀起了学习热潮，健民便购买了《帝国主义是纸老虎》单行本；全国开始"大跃进"，在"超英赶美"的热潮中全民大炼钢铁，刮起浮夸风和"共产风"，人民公社纷纷成立，健民购买了《论共产主义公社》；当这股激情进入文学领域时，健民便购买了出版不久的《青春之歌》和《红旗谱》。

1959 年是新中国成立十周年，健民购买了《建国十年特写文艺》《辉煌的十年》；西藏叛乱被平定，健民购买了《关于西藏问题》；郭沫若创作了历史剧《蔡文姬》，此剧经由北京人艺演出红极一时，健民不但购买了剧本，还观看了演出。

1960 年，山西省平陆县有 61 名农民工食物中毒，卫生部紧急求援空军运送药品，最终 61 人全部被成功抢救，通讯报道《为了六十一个阶级兄弟》影响深远，健民购买了同名书。

1961 年，中苏关系恶化，苏联撤走了在华全部专家，健民购买了《莫斯科宣言》；中共八届九中全会正式通过对国民经济实行"调整、巩固、充实、提高"的方针，国民经济转入调整的轨道，健民购买了《中国社会主义经济问题》《中国政治经济学》《中国过渡时期国民经济分析》。

1962年，中国军队被迫发起对印边境自卫反击，健民购买了《中印边界问题》。

1963年，毛泽东号召全国人民向雷锋同志学习，健民便购买了《毛主席的好战士——雷锋》；中苏大论战期间，健民购买了《中共中央复苏共信》《今后对俄较量》《一、二、三评苏共公开信》。

1964年，我国第一次试爆原子弹成功，健民买了《销毁核武器》等。

另外在1962~1964年，健民因病在晋祠疗养院休养，他得以有大段的空闲时间，此阶段他购买的便多了《脂砚斋重评石头记》《简化太极拳图谱》《九成宫字帖》《芥子园画谱》《生命衰老与长寿》《太原史话》等文学、艺术及修身养性等类的书籍。

1965年，济南军区装甲师某部工兵营班长王杰成为与雷锋齐名的学习榜样，健民一口气购买了3本《王杰日记》。

从1966年到1976年的十年动乱期间，健民购书的习惯虽然没有停止，但账本中开始出现好几个月没有购书记录的情况，购书种类更是大大减少，多为《毛选》《毛泽东语录》等红色书籍。比如1967年的《毛主席诗词手稿十首《毛选合订本》《毛著选读》《毛选典故注释》《毛主席手稿》《论人民战争》，1968 年的《语录歌集》《近代京戏样板》《毛泽东思想万岁》《东方红》，1970 年的《在无产阶级专政下继续革命》《最新指示》，等等。当时的政治环境和社会氛围，让人自动远离一切与最高指示无关的文字，全国山河一片红。

从 1977 年开始，健民的购书记录又开始逐渐正常起来。国家摆脱了十年动乱的阴霾，开始在邓小平这位总设计师的指引下，走向改革开放的光明之路。1977 年恢复高考，《人民文学》发表了小说《班主任》，被认为是开启"伤痕文学"乃至新时期文学的标志性作品，当时健民每个月都在订购《人民文学》。7 月 13 日，账本记录"下午 2 时找贺（五一路新华书店书记贺朴）同志配书不遇"。全社会普遍希望对"天安门事件"进行平反，健民购买了纪念诗集《献给周总理的花》《永远怀念人民的好总理》。

1979 年中华人民共和国第一部《刑法》颁布，很快，在健民 1980 年 3 月份的账本上，出现了他购买《法律知识问答》《中华人民共和国刑事诉讼法讲话》等书籍的记录。

十一届三中全会召开后，健民购买了《实践是检验真理的唯一标准》《中国社会主义经济问题研究》《三中全会以来重要文献汇编》等书。

从健民 41 年所购书目中，可以大致看出中华人民共和国成立后各个阶段的发展变化和中心议题。

健民不但喜欢读书，还自费订阅了各种报刊。《参考消息》《山西日报》等党报党刊，以及《学习》《学习论丛》《新观察》等官方出版的学习参考资料，健民都自费订阅，以随时掌握党和国家的最新政策和动态。尤其是1980年代后期到1990年代前两年，健民已经不再像过去那样大量购买书籍，只是每年订阅四种报纸，分别是《人民日报》《参考消息》《文摘》《太原日报》，以此作为他了解外界动态的主要途径。可以说，终身保持的阅读习惯，既是健民从小勤奋好学品质的延续，也是他了解社会、了解历史、了解国际时政风云的主要渠道。

1957年10月6日，健民在账本中记录"收售出旧书20本价洋8.45元"，这是账本中第一次出现健民出售旧书的记录。健民家中人口众多，而且居家面积有限，所以他不会有太多富余的空间来存放书籍。三子张书魁在回忆父亲文章中就曾写道："家里的两个书架摆满了各个时期的政治学习读本，另外，放不上架的书分装在几个大木箱里。"长此以往，卖旧书买新书，就成为健民的必然选择。在当年11月6日的账本中，就再次出现了他寄售旧书的收款记录。

健民所购买的海量书籍，不但源源不断地进入家庭，也在以出借、赠送、出售等各种方式走出家庭。除了上边的出售旧书记录，家庭账本中还多次出现朋友借书以及健民赠书的记录。

比如1975年9月20日记录，"王万林来望，梁万源三口来并借书四本";1977 年 11 月 18 日记录,"从解放以来小人书一箱付小孙女李霞";1979 年 9 月 8 日记录,"下午姚力行借书刊 3 件";等等。

谈起健民,就一定绕不开"书"这个话题,在多篇纪念他的文章中,许多旧友、熟人都不约而同地回忆了健民喜爱购书、读书的场景。

健民曾经的邻居,后任山西财经大学党委书记的孔祥毅先生回忆:

> 张老先生酷爱读书,博闻强记。由于"文化大革命",他很长时间没有具体工作,坐家等待安排。每天早上 6 时起床,半小时散步,然后洗漱、早饭,不到 8 点就坐在桌前开始看书、看文件了,春夏秋冬日日如此。他经常进出书店,藏书很多,马恩列斯毛的书几乎收藏齐全,也特别喜欢读史书,诸如《史记》《资治通鉴》等等,我们讲起历史和政治来,几乎没有他不知道的。每天的《人民日报》《山西日报》他看得很认真,经常给报纸修改错别字和使用不准确的词语典故,他的辞章功底很深。①

曾与健民一起工作的省政协原副秘书长贺德宏在文章中回忆:

---

① 孔祥毅、王丽荣:《回忆张健民老先生》,《峥嵘岁月——张健民同志专辑》,第 110 页。

　　健民同志是位知识分子，勤奋学习，善于工作。不论在办公室还是在家里，总是把时光抓得很紧。他的家里藏书很多，他不但爱看书，也爱买书。他很少上街闲逛，也很少购买杂七杂八的东西，但凡上街，多的是到新华书店或古旧书店购书看书。我多次在省委大院碰上他从街上回来，手里总是拿着几册新购的图书。五十年代，太原市新华书店在省委大院设有售书亭，每周开门二至三次，他的工间操时间，总是到书亭去看去转，还经常向营业员预约图书，让下次来时带上。省委统战部的不少同志，都曾向他借书阅读，甚至工作中有时需要查找的资料，也向他借阅有关方面的典籍。①

　　1989年12月9日，张健民写下了一首四言短诗，成为他一生热爱阅读、勤勉学习的写照：

　　　　人生有限，

　　　　时日不多，

　　　　惜阴苦学，

　　　　力免沉沦。

---

　　① 贺德宏：《德业永昭风范存》，《峥嵘岁月——张健民同志专辑》，第104页。

健民及妻子上官双俊都去世后，子女们经过商议，将父亲的私人藏书及文稿资料（包括我收集的这批账本）全部捐给了太原市图书馆，而不是出售给民间收书的书商。这也算是为健民老先生一生藏书找到一个最好的归宿，使之得以整体性地保存下来，以便供更多的后人阅读研究。但不知道是什么原因，健民的藏书都保存完好，账本却莫名其妙地流到了二手旧书市场。其中具体原因我并不清楚，不过转念一想，我又不免庆幸，如果这批账本没有流入市场，而是一直布满灰尘地沉睡在图书馆某一间仓库中的一个黑暗角落里，那我也不可能得到它们，进而也就无缘了解健民一生的故事了。

我在网上读到过太多类似新闻：老人去世后，大量藏书被当作无用的废品被家人随意丢弃，看了让人心痛。我想，老人们遗留的书籍、文稿、日记、书信等私人物品，如果能流转到可靠的私人收藏、研究者手中，更能发挥它们的作用。毕竟收藏者是凭借自己的兴趣与真金白银而得到的，自然会更加珍惜和善加利用。

香烟不离手

在健民长达 41 年的记账过程中，有两类非生活必需品的购买记录贯穿始终，一是购买图书，二是购买香烟。

健民曾在自传中回忆："我自小只爱读书，所以没有培养任何兴趣爱好。"在抗日年代，因做过敌工工作，工作需要，养成了吸烟的习惯。新中国成立后，他先后从事统战、政协、文史研究等方面的工作，长期需要与文字打交道，尤其是夜深人静的时候，正是文字工作者最喜欢的写作时间，而这个时候往往也需要香烟提神清脑。1974 年 1 月 10 日，健民就在账本中记录过自己的深夜工作："在写办公室整风总结至凌晨 4 时始息"。所以吸烟这个嗜好健民终身未改。

健民的账本在 41 年间记载了不同年代香烟的牌子与价格，通过纵向对比，也可以反映出山西乃至中国烟业发展的轨迹。我们会看到，不同时代的香烟有不同时代的时代印记。五花八门、种类繁多、高中低档皆有的香烟购买记录，成为健民账本中一类显眼的内容。健民曾对子女们说，他的一生唯一的奢侈就是抽烟。不过限于条件，他一般只抽比较便宜的烟。

账本里的第一笔烟账是 1952 年 8 月 10 日，"买大号烟 2 条，洋火一包用洋 40400 元"。

这里的大号烟指的是 20 支装的烟。1890 年美商老晋隆洋行引入美国产 10 支"品海"牌香烟，开我国卷烟销售先河。1902 年，英美烟草公司成立，大举进攻中国市场，以上海为总部辐射城镇集市，许多品牌家喻户晓，"哈德门"等香烟盛名享誉全国。早期香烟只标小号、大号，小号 10 支装，大号 20 支装。

山西生产烟草的历史很早。明朝万历年间（1573~

1620），山西曲沃人张时英将烟种从福建带回自己的家乡，烟草由此传入山西，曲沃也就成了山西烟草的发祥地。明朝天启年间（1621~1627），山西翼城人郑世宽在曲沃下坞村开设了"郑世宽烟坊"，开始炮制烟丝，生产"郑世宽烟"。[①] 这是中国烟草史上最早的有时间、地点、制造者、企业名和有烟牌名的烟草生产单位。山西省过半数的县都有烟草加工作坊，烟草的生产和加工遂成为山西省经济的重要部分。[②]

太原烟草公司始创于1930年，由华北纸烟公司、德记烟草公司、福民烟公司三家企业合并组成，原名为晋记烟草公司。[③] 从创办之日起，太原烟草公司先后历经了国民政府时期、日伪时期、阎锡山统治时期、太原解放及新中国成立等多个历史时期和一系列重大历史事件。

1932年，经过蒋桂冯阎中原大战，阎锡山重掌山西政权，将晋记烟草公司改名为晋华卷烟厂，1937年3月，晋华卷烟厂拨归西北实业公司接办。该厂当时生产的卷烟分高、中、低三档，主要品牌有正太、模范、汽车、洗心、大子、云冈、禹门、五台山、大丰包、国术、雁门关、三晋、白鹤、太行山等14种，日产卷烟400箱（25000

① 山西省政协《晋商史料全览》编辑委员会、临汾市政协《晋商史料全览·临汾卷》编辑委员会编《晋商史料全览·临汾卷》，2006，第65页。
② 柴宇浩：《太原烟草公司生产经营研究（1949—1957）》，硕士学位论文，河北大学历史学系，2020年，第1页。
③ 柴宇浩：《太原烟草公司生产经营研究（1949—1957）》，硕士学位论文，河北大学历史学系，2020年，第11页。

支装）。

1937 年日军占领太原后，将晋华卷烟厂委托给东亚烟草株式会社经营管理，随后将其定名为山西军管理第十三工厂，其产品计有"旭""黎明""协和"等。[1]1942 年 4月 1 日，"山西产业株式会社"成立，统一组织经营日军在山西省境内的军管工厂。该厂亦被移交"山西产业株式会社"经营，并更名为太原卷烟厂。产品除原有品牌外，又新增富士、新山西、望字、顺风、厚生、燕学等品牌。

1945 年 8 月 15 日，中国抗战取得胜利，日军投降，阎锡山的西北实业公司接收了"山西产业株式会社"统属的太原卷烟厂，恢复其抗战前的旧厂名晋华卷烟厂。到 1946 年春时，该厂日产卷烟 25000 支，合 120 箱。[2]

1949 年 4 月 24 日，太原解放后，晋华卷烟厂遂由太原市军事管制委员会工业接管组派员接收，成为太原建立的第一批省属国营工业企业，为新中国成立后太原市的卷烟工业生产奠定了基础，不久改名为太原烟草公司。

1949 年 11 月，太原烟草公司划归山西省工业厅管辖。1951 年 4 月，山西省工业厅又将太原烟草公司下划给太原市工业局管辖。同年 7 月，太原烟草公司更名为太原烟草厂。[3]截至 1957 年 12 月底，该厂主要品牌的香烟年产量

---

[1] 曹焕文：《太原工业史料》，太原市城市建设委员会印，1955，第 205 页。

[2] 曹焕文：《太原工业史料》，第 333 页。

[3] 柴宇浩：《太原烟草公司生产经营研究（1949—1957）》，硕士学位论文，河北大学历史学系，2020 年，第 14 页。

为 40361.8 箱。①

1949~1957 年，太原烟草公司的卷烟结构较为单一，大多属烤烟型卷烟，代表品牌包括顺风牌、胜利牌、五台山牌、禹门牌，此外还有少量的旱烟。根据卷烟口感、香味、烟丝色泽、燃烧率、含末量以及含水率的不同，太原烟草公司的卷烟质量标准分为乙级、丙级、丁级三种，尚无能力生产甲级卷烟。其中，禹门牌与五台山牌为乙级卷烟，顺风牌为丙级卷烟，胜利牌为丁级卷烟。②

1952 年，健民曾经的战友王鸿继（曾任唐天际司令的警卫员）去阳城看望他，当时健民已经担任了阳城县委书记。临走时，健民从包里拿出廉价的"顺风"牌香烟，递给了他一支，并幽默地说："祝你一路顺风！"当了县委书记的健民，抽的依旧是价格低廉的丙级"顺风"烟。

1950 年代太原流行着这样的谚语："抽的顺风烟，看的丁果仙，逛的海子边，赛过活神仙。"这就是老百姓理想中幸福生活的写照。这里的丁果仙，指的是山西著名晋剧表演艺术家；这里的海子边，是太原一条街道，因紧邻太原文瀛公园而得名。"海子"是太原方言，相当于普通话中的"水潭""湖"之义。

---

① 《山西省太原市地方国营烟草厂一九五七年度工业企业基本业务决算报告表》（1958 年 2 月 1 日），山西省档案馆档案藏，档号：C007-0001-0194-0017。

② 柴宇浩：《太原烟草公司生产经营研究（1949—1957）》，硕士学位论文，河北大学历史学系，2020 年，第 40 页。

健民抽完烟，从来不会把烟盒扔掉，他一般会把烟盒拆开，一沓沓整齐地放好，用作手纸或者写字用，"变废为用"，发挥烟盒的最大价值。

1968年，山西省直机关干部赴京参加中央办的"毛泽东思想学习班山西班"的学习，后期展开了"审干"和"清队"运动，张健民再次被定为审查对象。原因居然是有人以"十二月事变"中张健民作为阳城县政府一科科长，掌管的县政府公章曾经丢失这件事为由，诬告他把公章交给了敌人。尽管组织上早就对张健民的这段历史有过明确的结论，但他还是因此受到了一次次的审查。

在内心异常苦闷的时刻，健民在自己收集的一沓沓香烟纸背面，用钢笔一遍遍地抄写陈毅元帅的那首著名的《青松》："大雪压青松，青松挺且直。要知松高洁，待到雪化时。"此时那一张张香烟包装纸，承载了健民的苦闷和压抑，可见香烟对于他无可替代的重要性。

新中国成立伊始，山西卷烟市场上纸烟品牌繁多，外省品牌烟较多，本地品牌烟较少且质量不高。活跃于山西省的外省卷烟主要来自河南郑州，河北石家庄、张家口，山东青岛，以及津、沪等地，代表品牌有河南国营烟草公司生产的哈德门牌、公主牌、仙岛牌卷烟，河北省石家庄国营新中国建设公司及石家庄原有卷烟工业企业生产的三鹿牌、信岛牌卷烟。此外，还有50支盒装的红光牌、农场牌，48支盒装的虎林牌、星光牌、解放牌，20支盒装的五五牌、金牛牌、金星牌、海燕牌纸烟。卷烟品种计有数十种之多。[1] 从健民的购烟记录中可以看出，他购买的香烟种类很多，但大多是省外品牌，而山西本地品牌占比并不高。前文提到，从曲沃人张时英从福建带回烟草种子算起，山西种植晒烟已有 400 多年的历史，至清嘉庆年前，曲沃青烟已俨然成为名品。陈琼所辑《烟草志》有云："衡烟出湖南，蒲城烟出江西，油丝烟出北京，青烟出山西。"在明清两代，曲沃烟远销豫、陕、内蒙，为晋商销售的大宗，当时的民谣说："拉不完的曲沃，填不平的平遥。"民国时期，山西开始种植烤烟，到 1940 年，烤烟种植面积达 6 万亩。新中国成立后，山西烟草业一度迅速发展，1955 年前后，全省烟田曾达 12 万亩，但自 1956 年烟业不断萎缩，至 1980 年全省烟田仅剩 1.34 万亩。[2] 1956 年是全面农业合作化开始的年份，种什么由上级统一部署，农民不再有种植自主权，当时上级要求种植高产粮食作物，像杂粮、烟叶等经济作物的种植面积不断萎缩。而山西又是紧跟各项政策的农业合作化的标兵省。这可能就是从 1950 年代中期开始，山西人张健民越来越多吸外省烟的原因。

烟标收藏是纸品收藏中的一个大类。烟标，也是时代发展的真实写照和特殊历史见证。无论是香烟的品牌名称，

---

① 柴宇浩：《太原烟草公司生产经营研究（1949—1957）》，硕士学位论文，河北大学历史学系，2020 年，第 53 页。

② 聂晨主编《山西特产》，山西科学技术出版社，2011，第 19 页。

还是烟标的配色和图案设计，都可能存在着鲜明的时代印记并蕴含着特殊的社会历史背景。

比如在 1960 年代那个特殊的历史时期，红色是最激动人心、最光荣正确的颜色，全国山河一片红，一切事物都被映红了。从健民购买的香烟品牌上，就可以看出"红"色无处不在，"红"字随处可见。1960 年的"红山茶""红金星""满天红"，1961 年的"红牡丹"，1965 年的"处处红"，1968 年的"红光""太阳"，1969 年的"红舞""代代红""红灯"……

1960 年代后期 1970 年代早期，健民曾多次购买过一种名叫"阿尔巴尼亚"的香烟，而 1955 年至 1971 年期间，正是中国和阿尔巴尼亚、中共和阿劳两国、两党关系的"亲密期"。国内普通民众不但能抽到"阿尔巴尼亚"牌的香烟，还能观看阿尔巴尼亚歌舞团的表演。

"吸烟有害健康"清晰显目地写在每一盒烟上，但吸烟的人总会说出吸烟的诸多好处，什么"饭后一根烟，赛过活神仙"。我不抽烟，体会不出吸烟的妙处，但作为收藏者，我知道把健民抽的烟标全部收集起来，是很有意思的。

以下就是健民的家庭账本中，每年购买香烟及烟具时所涉及的品牌粗略统计，我们从这些五花八门、纷繁复杂的香烟品牌中，可以"闻"到一个时代的特殊味道。

1952 年，梅美、金红星、恒大；1953 年，金红星、恒大、烟斗、前门；1954 年，恒大、红锡包、大中华；1955年，大前门、红锡包、恒大、五台山、满天红；1956年，大前门、恒大、大中华；1957年，牡丹、大前门、东南、红锡包、敦煌、白金龙；1958年，大前门、满天红、敦煌、熊猫；1959年，哈德门、迎泽、敦煌、许昌、红双环、大重九、飞马、龙马、黄金叶、新时代、先锋、散花、三门峡、幸福、凤凰。

1960年，双猫、牡丹、大重九、大前门、上海、凤凰、云岗、迎泽、红山茶、福建、飞马、红金星、哈德门、翠竹、烟斗、满天红；1961年，牡丹、金红星、群英、迎泽、哈德门、凤凰、云冈、中华、红牡丹、黄金叶、福建；1962年，中华、福建、黄金叶、群英、牡丹、哈德门、飞腾、迎泽、帆船、四季花、前门；1963年，凤凰、迎泽、哈德门、光荣、大光、恒大、飞腾、中华；1964年，大光、凤凰、牡丹、友谊之花、黄果树、金扇、三门峡、秦岭、海河、大前门、飞月、虎符、玉鸟、千佛山；1965年，凤凰、精恒大、古车、友谊之花、迎泽、牡丹、紫罗兰、大前门、恒大、海河、处处红；1966年，友谊之花、迎春花、海河、前门、三门峡、云岗、金钟、牡丹、美丽、迎泽、恒大；1967年，前门、恒大、群英、海河、迎泽、彩蝶、红牡丹；1968年，群英、凤凰、红金星、恒大、光荣、大前门、红光、海河、处处红、阿尔巴尼亚、玉叶、太阳、工农兵；1969年，红光、延塔、群英、牡丹、中华、恒大、海河、红舞、板烟丝一包、工农兵、前进、代代红、太阳、红灯、三门峡。

1970 年，恒大、群英、牡丹、三门峡、黄金叶、长城、迎泽、飞马、红舞、芒果、旱烟袋一具、旱烟荷包一个、工农兵烟丝一包、太行山、东风；1971 年，前门、太行山、庐山、恒大、黄金叶、卫星、光荣、上海、香山；1972 年，三门峡、光荣、群英、恒大、墨菊、海河、黄金叶、金鹿、阿尔巴尼亚、安阳、庐山、劲松、宏图、上海、飞马；1973 年，光荣、前门、红灯、恒大、群英、安阳、牡丹、香山、开封、墨菊、双塔、新曙光、五台山、大光、上海、黄河；1974 年，红叶烟、前门、香山、光荣、庐山、南京、金菊；1975 年，恒大、牡丹、阿尔巴尼亚、晋阳、上海、三门峡、海鸥、金钟；1976 年，钢都、前门、安阳、上海、三门峡、恒大、大光、牡丹、海河、庐山、迎泽、大生产、菊花、金鹿、八达岭、朝鹿、太行山；1977 年，牡丹、前门、八达岭、迎泽、大光、墨菊、长青、满天红、红芙蓉、群英、玉兰、川湘、三门峡、云贵烟、飞月、红梅、青竹；1978 年，红梅、孔雀、飞云、群英、精大光、墨菊、中华、凤凰、迎泽、咏梅、三门峡、红艺、柳江桥、红叶、大生产、南阳、牡丹、上海；1979 年，牡丹、中华、双喜、前门、迎泽、芙蓉、辽叶、大生产、三门峡、春城、大光、香山、孔雀、恒大、金菊、长城、红烂漫。

1980 年，欢庆、沁塔、白玉、三猫、前门、咏梅、金马；1981 年，凤凰、前门、金马、孔雀、上海、云烟、喜临门、云香、迎泽、牡丹、大光、黄芪、双头凤、双塔、双喜；1982 年，大光；1983 年，前门；1984 年，大光；1985 年，牡丹、凤凰、大前门；1986 年，牡丹、凤凰、皇冠；1987 年，牡丹、玉溪、大重九；1988 年，石林、双喜、牡丹、贵烟、红梅、皇冠；1989 年，喜梅、红梅、花溪、凤凰、上海、恒大、遵义、贵烟、翡翠。

1990 年，红梅、双塔、红果树、遵义、鸿运；1991 年，收机关服务部烟四种；1992 年，买服务部烟 2 条；1993 年，没有买烟记录。

细细统计下来，光健民购买过的香烟品牌就有如此之多，若是再进一步计算，健民在这 41 年间抽过的香烟数量应该更是惊人，这也是每一个"老烟民"共同的特征。以上可以看出，1960 年代和 1970 年代，是健民购买香烟数量最多且涉及品牌最多的时间段。那是他工作最为繁忙、人生经历最为复杂的 20 年。可以想象，这些品牌各异的香烟，陪伴了他多少次通宵达旦地修改材料，与来访者彻夜长谈，为参会议政焚膏继晷，一笔一画记下家庭日常开支。烟雾缭绕之中，一个身兼丈夫、父亲、国家干部多重身份的中年男人形象，默默地印刻在账本之中。

回乡觅食

1959 年到 1961 年，是三年困难时期。三年困难时期是指中国从 1959 年至 1961 年期间，由于"大跃进"和人民公社化运动中严重的"左"倾错误，加上这三年的自然灾害，最终导致的全国性粮食和副食品短缺危机，它是新中国成立之后面临的最严重经济困难。

在此背景下，健民家的生活状况自然也不可避免地受到极大影响，而这种影响鲜明地体现在账本中，其中有三点特别明显。

第一，每个月的购粮账目健民记录得越来越详细，因为那三年国家粮食供应极度紧缺，每家每户都只能凭票定量买粮，当时规定，省、专、市、县以及基层所有机关团体工作人员，每人每月的粮食供应一律不能超过 24 斤；初中学校的学生每人每月的粮食供应不得超过 33 斤。[①]1959 年 2 月份，健民关于家中购买粮食的记录，还只有简短一句"买 2 月份粮食 146.8 斤支洋 23.20 元"；而到了 3 月份，关于购买粮食的记录就变成"买三月份白面 39 斤、小米 21.8 斤、玉茭面 16 斤共支洋 11.15 元"；到了 4 月份，账本中购买粮食的记录就更为详细了："买四月份白面 44.8 斤、挂面 2 斤、小米 17 斤、细玉茭面 16 斤、玉茭面 45 斤、高粱面 11 斤共支洋 17.95 元。"越来越细分的粮食购买记录，从侧面显露了当时粮食供应量减少，且粗粮占比越来越高的状况。

第二，从记账开始的 1952 年，到三年困难时期的第二

---

① 山西省人民委员会《关于紧缩市镇粮食销量的通知》，《山西政报》1960 年第 14 期，第 2 页。

年 1960 年，健民一直保持着每月都买书的习惯，从未间断。但 1961 年的账本中，罕见地出现了 7 个月的购书空白月，这一年的购书总数量只有 62 本（期），总购书金额为 41 元。这个数字为前几年的 1/3 左右。这从一个侧面反映出了健民家庭经济状况开始变差，精神消费让位于食品消费。

第三，健民从来不向外人借钱，始终坚持自力更生，然而这时期的账目中，却出现了接受亲戚赠予金钱的记录。这样的记录在 3 年期间一共有 5 笔。前两笔是侄儿旭东的赠予，金额都比较多。一笔是 1960 年 8 月 30 日，账本中记录"收旭东赠洋 200 元"；另一笔是 1961 年 7 月 24 日，账本中记录"收旭东赠来人民币洋 100 元"。后三笔是健民妻子上官双俊的娘家人赠予的，前两笔是 1961 年 12 月 2 日，记录"收岳丈赠洋 39 元，收内弟有仓赠洋 10 元"。最后一笔是 12 月 6 日，记录"收内弟广华赠洋 51 元，又粮票 10 斤"。直到 1963 年 1 月 23 日，健民还曾记录过"收省人事局送来救济洋 100 元"。

也许是三年困难时期的经历影响了健民，到了 1962 年 5 月 13 日，他购买了 10 只小鸡（3 只大的 7 只小的），共花费了 11.32 元。家庭养鸡在 1960 年代的中国普通家庭中很普遍，目的是在食品物资供应紧张的时期，保障鸡蛋的持续且低成本供应，这也是中国普通老百姓践行"自己动手、丰衣足食"理念的做法之一。我小时候，父母就曾在我们居住的平房前边用砖头垒过一个鸡窝，也养着几只可以下蛋的母鸡。我童年对家的记忆中，总混合着一股鸡粪的味道，以及母鸡不停歇地"咕咕嘎嘎"的叫声。

健民并没有在账本中明确写过自己的大家庭在三年困难时期粮食供应紧缺到什么程度、生活困窘到什么程度，但有一篇回忆文章却侧面写到了在这个时期一个机关干部的真实生活状况。

1961年冬，健民同自己的老战友、同乡崔松林一起回到阳城，崔松林与健民两个人关系极好，具有深厚的革命友谊。1939年崔松林是阳城县委唯一的农民委员，"十二月事变"中崔松林任三区区分委书记，而当时的健民是阳城抗日县政府一科科长；1949年后健民是阳城第一任县委书记，崔松林是县委委员、工青妇抗日联合会主席；1952年健民任长治地委秘书长，崔松林任长治专署监察处副处长。

两位老战友，为什么要选择在1961年冬回到老家阳城呢？崔松林儿子崔永盛撰写的一篇回忆文章中，谈到了父亲崔松林那次回阳城县的原因。

张政委（张健民）为什么回阳我并不清楚，但我知道我父亲是因为粮食紧缺，极有限的定量供应连老人的肚皮都填不饱。为此，年过六旬的父亲都得随同我们弟兄一起到市郊的田间地头去挖野菜充饥。尽管如此，仍有家人出现严重的浮肿。①

---

① 崔永盛：《与张政委往事一席谈》，《峥嵘岁月——张健民同志专辑》，第134页。

崔松林当时的职务是山西省政府参事室参事，他在三年困难时期的生活境况，大概也能从侧面部分反映出健民一家的生活状况。健民此次回乡的目的，应该包含购买副食品，这一点，可以从账本中他回阳城那几天的购物记录里得到印证。

11月19日，"付三哥带干萝卜200斤支洋5元"；23日，"买花生10斤（县林场刘，熟人）支洋2元"；25日，"付九三大队鸡蛋20个、白糖1斤洋2.60元，买寺头公社蜂蜜2.6斤，白糖2斤，鸡蛋20个共支洋6.40元"；26日，"买豆油3斤支洋2.19元"。

花生、鸡蛋、白糖、蜂蜜、干萝卜，健民在家乡购买的全是副食品，侧面证明了各类食品当时对于他的重要性，以及他们一家当年食品短缺的境况。

其实，我们也可以从另一个角度来体会健民家在1960年时的困难程度，那就是他9个孩子的年龄。1960年时，健民的大女儿张志琳23岁，大儿子整魁16岁，二儿子阳生13岁，三儿子书魁10岁，二女儿访荣9岁，四儿子原魁6岁，五儿子殿魁4岁，三女儿薇荣2岁，六儿子炎魁还不满周岁。在那个粮食极度短缺的年代，张家同时有这么多张嗷嗷待哺的嘴，家中的困难程度可想而知。

还有一个历史名词"六二压"，同样印证了那个年代城市所经受的经济压力和粮食短缺到了何种严重的程度。1962年5月23日，山西省委决定压缩50万城镇人口回农村，因此事发生于 1962 年，民间俗称"六二压"。"六二压"的背景是"大跃进"带来的严重经济困难。1962 年 1 月，中共中央全会召开，决定对国民经济实行"调整、巩固、充实、提高"的"八字方针"，将 1962 年确定为进行国民经济调整工作最紧要的一年。调整措施之一是全国各地不少工矿企业纷纷"下马"，不少城镇人口被"压"到农村。[1] 其目的是把"大跃进""大炼钢铁"和发展机器制造业过程中急剧膨胀的工业人口和城市人口压缩到农村去。[2]

我的姑姑 1960 年正在太原铁二中上学，为照顾生病的奶奶休学回家，但因为当时处于压缩城镇人口的风口浪尖，所以再也没有返回省城太原，留在农村老家，做了一辈子的农民。姑姑返乡后在老家找的对象，也就是后来我的姑父，当时也在太原上班，同样因为"六二压"政策而返回农村，同样再也没有能够返回省城太原。饥饿的年代，城里人回乡觅食或不由自主地被压缩回乡下，广袤的、贫穷的农村成为城里人无奈回归的腹地。

1970 年以后出生的人群，大都没有曾经饿肚子的深刻记忆和经历，当然也就不能体会到一个人为了吃饱肚子，所做的一切挣扎与牺牲，更想象不到因为一口粮食一口饭，一个人的命运会被永远地改变。尤其是伴随"80 后""90 后""00 后"成长记忆的，都是物质生活的富足、食品供

---

[1] 熊忠武主编《当代中国流行语辞典》，吉林文史出版社，1982，第 354 页。

[2] 郭书江：《中国的经济学·民富论》，河南大学出版社，2017，第 117 页。

应的齐全，但其实那曾经饿死数以千万计人的时代，仅仅过去了 60 多年而已。

物尽其用

新中国成立初期，百废待兴，国家经济情况不好，需要全体人民勒紧裤腰带过紧日子。老百姓的日常穿着、家庭用品，多物尽其用到极致，即便是破旧损坏，也不会轻易丢弃换新。

健民幼时家境贫寒，上初中时因为没钱交学费差一点辍学。幸亏同桌同学家是邻村富户，替他交上了学费，才得以继续完成学业。健民中学毕业后到村小学教书三年半，虽然积攒下了一些薪水，但基本上还了家中所欠高利贷，手中没有积蓄。这些经历，造就了健民一生勤俭节约的生活习惯。

1949 年之后，健民家中 9 个子女以及健民夫妻二人，共 11 口人的吃喝拉撒、上学就医都需要钱，而他和妻子双俊的工资收入再高，家里十几张吃饭的嘴，依旧需要保持勤俭持家、分毫计较的生活习惯。对于衣服、鞋帽等日用品，能修补的，就一定不买新的。衬衣、袜子破了就打个补丁，一直穿到实在不能穿为止。

健民最小的儿子张炎魁回忆，他小时候，父亲会把全家的布票、棉花票都集中起来，先给在外住校的哥哥、姐姐做新衣服，剩下的才给小的孩子做。家中排行老小的炎魁和仅仅比他大一岁多的三姐薇荣，经常穿着哥哥、姐姐们换下来改小的旧衣服。

三子张书魁与小儿子张炎魁在回忆父亲的文章中，都先后提到了父亲的一双皮鞋。那是健民一生唯一的一双皮鞋，他只在参加重要会议或重大活动时才穿。这双皮鞋陪伴了他一生，直至病逝。

在纷繁复杂的家庭账目之中，有一些寥寥几笔的记录，虽然简单，看起来却很有故事。或许年轻人看不懂这些记录的字面意思究竟是什么，但上了年纪的人看到，往往会勾起一串生活回忆：

1954年6月13日，补鞋、补鞋踵；7月31日，整魁补鞋底用洋6000元。

1955年1月9日，修补棉鞋踵支洋5000元；5月8日，换红皮鞋底一双，钉布鞋跟共支洋5.10元；5月29日，阳生钉鞋、去油脂一锭共用洋0.25元；9月18日，整魁补鞋及取三人零用洋2.70元。

1956年3月15日，修棉鞋胶底掌支洋0.30元；5月14日，翻修呢子帽一顶手工费洋0.40元；6月10日，双俊换鞋面2双；7月22日，修雨伞2把支洋0.80元；10月14日，整魁修鞋底支洋0.10元；12月7日，修换皮鞋底一双、配礼呢鞋面一双洋10.90元；16日，整魁钉布鞋底及钉支洋0.56元。

1957年2月10日，修补棉鞋踵支洋0.50元；3月17日，整魁钉鞋 2 双支洋 0.60 元；5 月 2 日，钉鞋踵支洋 0.10 元。

1959 年 4 月 6 日，修手提包、小卡夹拉锁 2 个支洋 1.20 元；7 月 12 日，修书魁鞋踵支洋 1 元；8 月 6 日，阳生缝单袜子 22 件、裤衩 1 条工费洋 1.80 元；10 月 4 日，付整魁钉鞋零用洋 1.50 元，付阳生补鞋零用洋 1 元；5 日，钉鞋支洋 0.60 元。

1962 年 7 月 1 日，钉鞋侧后踵支洋 0.40 元；8 月 22 日，钉鞋前后踵支洋 2 元；11 月 21 日，钉补棉鞋支洋 1 元。

1964 年 4 月 22 日，付书魁昨补雨鞋、球鞋用洋 0.60 元。

1972 年 8 月 10 日，钉鞋跟支洋 0.30 元；11 月 17 日，钉鞋支洋 0.10 元。

1973 年 8 月 10 日，钉鞋跟支洋 0.30 元；11 月 28 日，修提包拉链支洋 0.40 元。

1974 年 1 月 13 日，钉棉鞋跟支洋 0.60 元。

1982 年 10 月 24 日，缝提包拉链支洋 0.20 元。

鞋子和袜子，都是 1950 年代、1960 年代普通百姓家庭中易损易耗的生活用品，如果一有破损就买新的，确实浪费。所以一只鞋若有局部破损，包括鞋底、鞋跟、鞋踵（后帮）、鞋面，都能修补更换。

修补袜子更是常事。太原普通市民家庭都会对破洞的袜子进行多次反复的修补，甚至还发明了一种那个时代特有的补袜子工具：袜撑子。

袜撑子是一种木制的人脚形状模具，和做鞋的鞋楦子相似，都是用上好的木料做成类似人脚的形状。普通百姓修补袜子时，会先把准备补的尼龙袜子套在袜撑子上，再用剪刀把另一只已经不能再穿的尼龙袜子剪下一片来，用冰糕棍儿挑少许黏合剂，轻轻涂抹在破洞和补片儿四周，然后将两者压结实，等到第二天就能再穿了。这样补袜子，技术要点是速度要快，而且黏合剂的量要不多不少正好，量少了粘不住，量多了袜子就会缩皱在一块儿，最后变成硬疙瘩。

那个时代的中国家庭，家家都有"手工达人"，在物资匮乏的年代，身体力行地贯彻着"自己动手，丰衣足食"的伟大号召。

这些缝缝补补、修修钉钉的记录，从1950年代一直记录到1980年代，并没有因为健民家庭收入的提高、家庭支出的减少而有所改变。从账本中持续不断的修鞋、补衣等内容可以看出，健民把勤俭节约的生活习惯保持了终生。这样的习惯，来源于他童年时的贫困、少年时的国难、成年时的短缺。唯有经历过这一切的人，才能把"节俭"两个字，深深地刻在自己的价值观和生活方式中。物尽其用是那一辈中国人、中国家庭本能的选择，他们修补、连缀生活，以度过艰难时世。

特殊十年

从1966年5月"五一六通知"和8月《关于无产阶级

文化大革命的决定》两个文件的发布，到 1976 年 10 月，中国经历了长达十年的动乱。所有中国人都被这股洪流裹挟其中，上至国家主席，下至市井百姓，无人能够置身事外。

研究健民先生的账本久了，我发现了他记账时的一个特点，那就是虽然其账本兼具记事功能，但他很少在账本中记录自己对时事政治的评论，更多的是单纯记录家庭成员的吃穿用度、琐碎日常。如果不熟悉历史背景，只看账目，我们不免产生一种"不知有汉，无论魏晋"的历史悬空感。

比如，关于 1971 年 9 月 13 日林彪叛逃事件，9 月 18 日，中共中央向全党高级干部发出了《关于林彪叛国出逃的通知》①，9 月下旬，身在干休所的中将韩练成收到《关于林彪叛国出逃的通知》，此后这一文件根据内外有别、有步骤地传达的原则，先传达到省、市、自治区党委以上的党组织，然后传达到地、师以上干部，再传达到全体党员，10 月下旬传达到全国人民。② 所以在 1971 年 9 月 18 日之后几天的家庭账本中，健民并没有对这一巨大新闻做任何的记录，反而因为整魁那几天正好从新疆回太原家中探亲，健民大量记录了整魁回家的相关内容。

再比如健民对于毛泽东逝世这么重大的一件事，也只是在 1976 年 9 月 11 日当天简单地记录了一句话："上午悼

---

① 江山主编《世纪档案：影响 20 世纪中国历史进程的 100 篇文章》下，中国档案出版社，1996，第 772 页。

② 韩兢：《韩练成传奇》，解放军文艺出版社，2013，第 261 页；杨胜群、闫建琪主编《邓小平年谱（1904—1974）》下，中央文献出版社，2009，第 1956 页。

念伟大领袖毛主席！"

如果你熟悉账本的时代背景和所发生过的历史大事件，你或许就有可能从某一笔不起眼的柴米油盐购买记录中，反向得到印证，管中窥豹般近距离地感受历史的真实温度。而这一点，恰恰是我作为账本的研究者最有成就感的时刻。

这一点，张健民先生账本中从 1966 年至 1976 年那十年特殊历史时期的记录，就有体现。

从 1966 年一年的记录中来看，依旧是家庭的柴米油盐记录占据了绝大多数的篇幅。工资收入、房租支出、孩子看病、亲戚来访，等等，既琐碎又真实，如同历史的炊烟，飘荡其间。这一年，健民的长子整魁依旧在北京上大学，平均每个月，健民要给儿子整魁汇去 40 元左右的学习费；这一年，在太原看病许久的健民的三哥出院，和一直陪侍的健民四姐一起回家；这一年，健民的二姐还在他家帮忙，每月健民支付给二姐 10 元酬劳。

然而就在健民这些日常的、琐碎的、看似漫不经心的记录当中，我还是发现了几条不那么普通的记录：

1966 年 9 月 20 日，付原魁少年红卫兵袖章洋 0.17 元；10 月 10 日，付书魁赴京串联零用洋 7 元；24 日，付殿魁红袖章洋 0.16 元；11 月 2 日，买行李背带 2.7 丈，支洋 1.04 元，付书魁、访荣外地串联洋 60 元；4 日，买语录纸 6 张，支洋 0.36 元。

1967 年 1 月 1 日，买《元旦社论》4 页，支洋 0.08 元

（当年的《元旦社论》由《人民日报》和《红旗》杂志联合发表，题目为《把无产阶级文化大革命进行到底》）；2月3日，付书魁赴大同搞"文革"零用洋5元；23日，买纪念像章17个、语录牌19个，支洋1.80元；4月12日，付"文化革命捐助洋"20元。

通过上述记录可以看到，在很短的时间内，原魁、殿魁、书魁和访荣——健民的四个儿女就或主动或被动地卷入到火热的政治洪流当中去了。原魁是1954年出生的，当时只有12岁，而殿魁是1956年出生，当时只有10岁。你能想象一个10岁孩子，胳膊上别着红袖章四处游荡的画面吗？那"全国山河一片红"的恢宏气势和滚滚向前的政治洪流，对当时的每一个中国家庭、每一个中国人都产生了极深影响，身处其中的健民以及他这个11口人的大家庭，又如何能够置身事外呢？

除此之外，健民在1966年的购书记录中，既有像《毛主席语录》《毛主席著作》《老三篇》《跟毛主席在大风大浪中前进》《毛泽东选集》等红色书籍，也有像《前北京日报的反动立场》《向反党黑线开火》这样充满浓浓火药味的政治斗争书籍，以及毛主席像章、毛主席画像等红色物品。

书是红的，画是红的，就连香烟，也是红的。1960年代，在那个特殊的历史时期，红色，是最激动人心、最光荣正确的颜色，全国山河一片红，一切事物都被映红了。从健民购买的香烟品牌上，就可以有明显的感觉。1960年的"红山茶""红金星""满天红"；1961年的"红牡丹"；

1965 年的"处处红"；1968 年的"红光""太阳"；1969 年的"红舞""代代红""红灯"等。

这些物品的购买记录，使得原本平淡宁静、飘荡着市井炊烟的家庭账目，如同被一支红色画笔不断地涂抹出一道道浓重的红色印记，红色越来越多、越来越密，逐渐也把健民的账本，渲染得火红一片。

从 1960 年代初期开始到 1970 年代中期，健民频频购买毛主席各类著作和各类材质、各种大小的毛主席像章、画像。在 1969 年全年的记录中，每个月都有健民购买相关红色物品的记录，涉及照片、徽章、坐像、画报等。

1 月 7 日，买像章 1 枚，支洋 0.10 元；13 日，买小语录 3 本、《红旗》2 本，支洋 1.41 元；28 日，买毛主席小照片 3 张，支洋 1.90 元。

2 月 13 日，买毛主席像章 3 枚，支洋 0.27 元；买《毛主席去安源》小画片 5 片，支洋 0.10 元。

3 月 12 日，买毛主席像章 3 枚，支洋 0.21 元；17 日，买毛主席像章 5 种 19 个，支洋 1.05 元。

4 月 24 日，买主席"老三篇"挂屏，支洋 1.08 元。

5 月 14 日，买主席像一套，支洋 0.25 元；27 日，买毛主席照片 22 张，支洋 0.24 元。

6 月 6 日，买塑料主席像 1 座，支洋 0.60 元；14 日，买领袖照片 6 张，支洋 0.22 元。

7 月 19 日，买"三合一"（毛主席语录、"老三篇"、毛泽东诗词——编者注）8 本，支洋 3.20 元，买领袖照片

1 张，支洋 0.03 元。

8 月 6 日，买纪念章 7 枚，支洋 0.99 元。

9 月 25 日，买 64 开《毛选合订本》，支洋 3 元；买领袖照片，支洋 0.84 元。

10 月 3 日，买毛主席坐像 2 个，支洋 1.31 元；买毛主席照片 2 张，支洋 0.05 元。7 日，买毛主席相册 1 本，支洋 1.70 元。16 日，买毛主席彩色画片 1 函，支洋 0.10 元。

谁能想到，这些在当年很普遍家家户户都会重复购买的红色物品，在几十年之后会成为国内收藏市场的一个专门品类呢，而且这一品类还有一个专用名称："红色收藏"。"红色收藏"涉及的范围很广，常见的有文史资料、文书档案、书报刊、连环画、字画、塑像、徽章、摆件、宣传画、电影海报，以及邮币卡、票证等。其中，以毛泽东像章、毛泽东著作为主的红色藏书、"文革瓷"（1960 年代中期至 1970 年代中期各地陶瓷厂生产制作的带有"文化大革命"色彩的陶瓷器皿）、红色油画、"红宝书"系列等最引人关注。

"红色收藏"中蕴含着丰富的时代信息，是特定年代国家意志、社会氛围的体现。其中大量印刷品已经成为今天我们研究历史的珍贵文献，而其中的一些纪念品，如像章、塑像、文革瓷等，则在新的时代重新"商品化"，成为欣欣向荣的"红色产业"。当年生产及消费这些纪念品所使用的社会资源不知凡几，而那个时候，中国老百姓，包括健民家这样的干部家庭大多过着缝缝补补的日子。

特志不忘的瞬间

　　健民先生记账，绝大多数是不带任何感情色彩的纯数字记录，标点符号都没有。但从40余万字的记录当中，总会有吉光片羽流露出健民先生彼时彼刻的真实心境及其性情。

　　1967年6月28日，他记录道："从人民市场至后小河丢派克水笔一支，特志不忘。"健民先生一生从事文职工作，钢笔对于他具有特殊的意义。或许他曾经手握这支派克水笔，写过会议材料、证明信、检查、回忆文稿、家信。可以说钢笔是他一生工作经历、个人命运的见证。所以我特别理解健民在丢失这支水笔后，为何要用"特志不忘"这个分量特别重的词来表达他彼时的复杂心情。

　　1971年6月21日，他记录："午前悉舒侠同志已（有）结论，历史无问题，心甚慰之。""心甚慰之"四个字，表达了健民对于这位老战友被还清白之后的轻松与欣喜之情。

　　1972年4月21日，"写信给陈萍同志问陈洪生产事，下午收到陈萍同志信知12日已生下孙子！！！（张磊，乳名小石头）"在这里，健民先生罕见地连用了三个感叹号，可见他无比喜悦的心情。毕竟是长子长孙，张家后继有人，怎么能不令健民先生欣喜若狂？健民老先生对这个孙子可谓关心有加，5月18日又专门给亲家母陈萍写信，询问儿媳妇陈洪产后大小人健康情况；23 日陈洪来信告生病事，24 日为小孙子命名，写给陈洪信；6 月 25 日，下午收陈洪信即复。

10 月 9 日午后，"与别后两年多的原野同志欢叙离情"。原野是"文化大革命"前健民在省委统战部的同事。"欢叙离情"可见两人友谊之深，在不平静的岁月里，友人重逢的欢愉之情可能是今天的人所不能想象的。

1979 年 9 月 24 日，"下午政协小组生活，讨论真理标准，发言激忿"。"激忿"二字惹人联想，或许是十年郁积，不吐不快，让人不禁联想起 1948 年健民在"反奸清算对敌斗争大会"上的表现。

1985 年 9 月 5 日，健民去做了一次体检，他在账本中记录："体检诊断：白内障、心电图不正常，下壁供血不足，待处置！！！"人上了年纪，随着各个脏器的逐渐老化，身体机能也逐渐退化，会越来越感觉到老之将至，也会对自己的身体健康格外关注。1985 年的健民已经年近七旬，三个惊叹号体现了他对自己身体发生状况后极度重视又不无担心的复杂的心情。

1990 年 2 月 21 日，这天健民在账本上又惊又恐地记录道："晨 6∶18 时于解放大楼北侧险被电车碰轧！！！"此处他又一连用了三个感叹号，这种记录方式在健民的长孙小石头出生时用过，那时候的健民以此来表达自己第一次当爷爷时的狂喜心情。可此时的三个惊叹号，却表达了已经 74 岁的健民对自己所遭遇的不测的惊恐与愤怒之情，被电车碰轧可能是他晚年身体开始走下坡路的重要节点。

一车"烧土"

在健民长达 41 年的账目中，时不时地冒出一两个有鲜明时代烙印的词，代表着过去特殊年代独特的生活方式，这些生活方式如今早已经随着时光的流逝、社会的进步而湮灭在历史长河之中。但散落在账本中的这些词却是我们打开时光之门的钥匙。

在健民先生的家庭账本中，从 1950 年代中期一直到 1970 年代，"烧土"这个词经常出现。

账本中最早一次出现购买烧土的记录，是 1956 年 7 月 21 日，这一天健民记录"买烧土一车支洋 1.20 元"，接下来在 10 月 11 日、31 日，11 月 9 日、10 日健民又购买了四车烧土，其中有两车花费了 1.2 元，一车花费了 1.3 元，一车花费了 1.1 元。与之对应的，当年还有若干购买煤炭的记录。从此，在接下来的 30 年时间里，"烧土"这个词就开始较为频繁地出现在账本之中：

1957 年 9 月 22 日买烧土一车支洋 0.90 元。

1958 年 10 月 30 日、11 月 2 日各买烧土一车。

1959 年 3 月 7 日、24 日，5 月 2 日、14 日各买烧土一车，5 月 24 日一口气买了 4 车烧土，9 月 5 日、10

月 13 日又各买一车。这一年，健民家共买了 10 平车的烧土。与之相对应的，是购买了煤炭、煤球近 10 次，共 9200 斤。

1960 年 1 月 7 日购买 1 车，11 月 15 日购买 3 车，这一年共购买了 4 车烧土。

1963 年 7 月 14 日购买 2 车，8 月 16 日购买 1 车，8 月 30 日购买 1 车，10 月 20 日购买 1 车，这一年共购买了 5 车烧土。

1964 年 5 月 10 日购买 1 车，7 月 25 日购买 2 车，8 月 2 日购买 1 车。

1965 年 5 月份，健民一共购买了 5 车烧土。在 6 月 7 日那天，健民还雇人打了煤糕，支付了 5 元费用。

健民家最后一次购买烧土的记录，出现在 1981 年 5 月 25 日的账本中，"买烧土 1 车（辑虎营）洋 1.40 元"。

从上述历年购买烧土的记录可以看出，历经 30 年，太原的烧土没有涨过价。

烧土，是一种有黏性的黄土，它是制作煤泥的主要原材料，是过去太原家家户户过日子必备的物品。烧土同粉末状煤炭（俗称煤面）掺水混合成煤泥，混合比例一般为 2/3 的煤面配 1/3 的烧土。煤泥是太原老百姓冬季做饭、烧水、取暖的主要燃料，但烧土其实并没有助燃的功能，它只是起到黏合的作用。

每年入秋后，老百姓用特制的铁制模子把混合好的煤泥制成长方体的煤饼，在阳光下晒干后储存起来，留待冬季使用，老百姓俗称"打煤糕"。因为从 1950 年代一直到 1970 年代太原市民冬季取暖对于烧土的需求量巨大，所以日久天长，太原也就慢慢诞生了一个专门卖烧土的行业。

或有读者问山西不是煤炭之乡，处处有煤吗？为什么太原的老百姓还需要用本地的黄土和煤泥呢？答案很简单：便宜、实用。

煤泥取暖比煤炭取暖的成本低得多，而且用煤泥做燃料干净耐用，炉子还不容易灭火。我记得小时候，晚上临睡前给家中的铁炉子封火时，就会往炉膛中填入一堆煤泥，然后用铁火箸在煤泥中央扎一个直通底层的小窟窿，这样既能保持着煤泥的燃烧，又能控制住煤泥的燃烧速度，保证它一直烧到天亮而不熄灭。

烧土多产于太原市周边荒山野岭，以及早已被废弃拆除的土城墙，比如旱西门。但太原的烧土以东山杨家峪一带的土质最好，土的颜色黄中带红，而且有较多的白色丝状物，这表明此处黄土的黏性较大。而太原城内那些废弃城墙遗留的黄土曾经过夯实，土质不好且缺乏黏性。所以为数不少专门出售烧土的"烧土厂"都在太原东山一带。

根据老太原人的回忆，"东山烧土厂的工人并排站在十几米高的崖头上，手握粗重的钢钎一层层地往下撬土，一掉就是一大片黄土，常常黄土飞扬。而在下边拉烧土的人，灰头土脸地用铁锹把黄土铲到围着草帘子围挡的小平车上，把黄土拍瓷实后就可以拉到太原城里去出售了。"①

据健民账本的记载，他购买一车烧土的价格，便宜的0.9元，贵的1.7元，大概是平车所拉烧土的重量有差异吧，但一般平均购买一平车烧土的价格是1.2元左右。而一车烧土在"烧土厂"的进货价也是根据平车大小或装载重量不同，价格在0.2元到0.5元之间。这样算下来，拉烧土出售的人，一车平均可以赚取1元钱。力气好、跑得快的，一天可以拉四车左右的烧土出售。所以每年一入秋，每天天还没亮，太原城东五龙口、大东关、赛马场一带，就有人拉着平车去烧土厂"进货"了。需求最旺盛的时候，平车会在狭窄的土坡处排起密密麻麻的长龙。

那些在"烧土厂"收费的所谓"场主"，谁都不知道是从哪里冒出来的，总是端着大茶缸子四处转悠，目测平车上装载的黄土量，大致估算一个价格来收费。

这些"烧土厂"及"场主"究竟属于什么性质、什么身份，现在也无从考证，我想"场主"应该就是东山附近的村民吧。就像太原市动物园刚搬迁到城外时，在周边收停车费的都是附近的村民一样。中国农民历来靠山吃山、靠水吃水。到了太原，就是靠着黄土吃黄土。

笔者为1970年代出生的人，对于小时候家庭里和煤泥、打煤糕的劳动记忆犹新。因为这项活动必须选择在阳光充足的初秋时节里的某一天弯腰进行，所以至今想起，

---

① 北岳人：《山西忆旧：烧土记忆》，https://mp.weixin.qq.com/s/wsBcunW_I_-F7qpN6GnnXg，访问时间：2023年5月25日。

我的后背都会产生一股暖暖的感觉。

在温暖阳光的照射下，我看着父母用铁锹把烧土和着煤面配上比例适当的水，煤、水和土逐渐混合成黏稠的灰黑色胶泥状，然后填充在一个铁制的长方形模子中。填充模具的这个过程，因为体力消耗小而充满儿童游戏的趣味，跟玩"尿泥"有异曲同工之妙，所以我们孩子总是乐此不疲。

将煤泥填入模具后，我们还要用特殊的铁制或木制刮板，把煤泥表面尽量抹平整，并刮掉四边外溢出来的多余煤泥，至此，一块合格的煤糕才算真正制作完成。随着时间的推移，一块块灰黑色的、表面粗粝的煤糕如同接受检阅的军队般，整齐划一地排列在小院中的空地上。在太阳照射下，长方体的煤泥逐渐变干变硬，此时我们再将它们一块块地掀起并搬开，整齐地码放在楼道里、阳台上、厨房中。

因为煤炭纯度比例人为"掺假"，所以填入铁炉中的煤糕燃烧并不充分，总是会产生一股淡淡刺鼻的煤烟味道。这股微微刺鼻的煤烟味道，混合着太阳暖暖的味道，构成了我对幼年时期的一种特殊嗅觉记忆。

有意思的是，因为卖烧土的人总是在太原市的大街小巷吆喝叫卖，时间久了，居然还流传开一首地道的太原民歌《卖烧土》：

家住在直隶保定（儿就）府，

我的（哪）名儿叫（块）二马虎。

俺爹把我带到（外）太原（儿就）府，

每日里（就）推上车车卖烧土（门儿哟）（咳了门儿哟）。

日头爷爷刚出来起得（儿就）早，

推上我的车车（就）走一遭。

小孙孙在后面（外）哭又（儿就）闹，

拴了根绳绳让他前边跑（门儿哟）（咳了门儿哟）。

一阵阵来到水西（儿就）关，

满车车的烧土全卖完。

给娃娃买上些糖蛋蛋，

爷孙俩高高兴兴把家还（门儿哟）。①

　　看着歌词，我脑海中自然而然地响起一支悠扬且略带苍凉的曲调，一幅画面也仿佛映入眼帘：一个衣着褴褛的壮汉，弯腰低头用力拉着一平车黄土，在太原城狭窄的街道之间穿梭叫卖。身后，夕阳西下，初秋季节金黄色的落日余晖洒在这个壮汉的脸上和身上，既温暖又清冷。三两个老太原市民围在这车黄土边，与壮汉讨价还价。讨价还价的人群之中，或许也有健民先生那消瘦的身影吧！

---

① 刘卯生：《卖烧土》，https://mp.weixin.qq.com/s/TiekMuxuzGLv2ABqr6DgqQ，访问时间：2023 年 5 月 25 日。

车轮上的太原

吃穿用住行是日常生活的主要方面。张健民先生41年的生活账，记录了1952年至1993年在省会太原出行及由太原到各地的交通细节。

一个人的生命长度和他一生行走的物理范围有关联，而一个人行走的范围，与他的职业与社会活动密切相关。健民从阳城县走出，先到长治工作，最后安家于省城太原，成为担任一定职务的中高层干部，他的日常出行方式在这一阶层中有相当的代表性。

1949年4月24日，刚刚解放时太原城到处是灰渣、污水，城壕四周臭气难闻。城门洞蓄积污水行人难以通行，遇雨天，大街小巷更是泥泞载道，真可谓"道路不平、电灯不明"。市郊一带交通的不便，更是难以想象。中共太原市委、市人民政府积极进行整顿，有计划、有步骤地对太原城的交通状况进行了改造。而数量庞大的工程，又需用大量的运输力量。在公路尚未正式修整前，只好仍以落后笨重的畜力、人力车为主要工具。从运输业同业公会的统计资料看，太原刚刚解放时，全市仅有马车1600余辆（平车尚未统计），而到了1951年，仅一年多的时间里，马车就发展至4200余辆，增加了160%，平车也增至 2000 余辆。①

当时太原市民的交通出行方式，基本上是"短距离靠步行，中距离靠三轮车，长距离靠汽车"。1952 年张健民任长治地委秘书长兼统战部副部长，第二年年底调入山西省委统战部，任办公室主任，开始了他在太原的生活。日常活动比如洗澡、理发、购买生活物品、看戏看电影，他大多选择步行前往。如因工作到外地出差，则会根据具体情况而选择乘坐火车、汽车和三轮车。

1953 年 7 月 16 日，张健民去河北邯郸出差，他先是购买从太原到邯郸的火车票，带保险费一共 90400 元，下车后雇三轮加一晚的旅店费共计 10000 元。7 月 19 日，他购买从邯郸到长治的汽车票 61200 元。雇铁三轮自潞南舍返长治费用 25000 元。

健民的儿女们当时前往学校，如果他去送，多是乘坐三轮车。如 1953 年 8 月 30 日他在账本上记录："送阳生、书魁坐三轮车往返及买麻花支洋 81000 元。"若是孩子自己前往，多是乘坐公共汽车，如 1953 年 8 月 31 日他在账本上记录："林林、整魁坐公共汽车支洋 4500 元。"

1952 年，太原市公交汽车公司正式成立，当时仅有 17 辆单机车，开通并州路至太原钢厂、五一路至兰村、五一广场至晋祠三条路线，全长 54 公里。

到了 1966 年，太原市的公交线路已经增加到 11 条，

---

① 任贯五：《太原公路运输业的四十年》，《山西文史资料全编》第 83 辑，第 1091 页。

电车线路 4 条。其中有 3 条公交线路从尖草坪发车，分别到达迎新街、向阳店、兰村。其余的公交线路都是从五一广场发车。

张健民的二子李阳生、三子张书魁从长治康乐幼儿园转入山西省康乐保育院后，因为保育院在太原河西下庄村，离健民家比较远，所以每次健民都亲自送他俩去保育院。如 1953 年 11 月 29 日他在账本上记录道："送阳生、书魁回下庄保育院车费洋 9400 元。"

1950 年代初，除了公共汽车外，三轮车也是健民经常选择的交通工具。1954 年 11 月 3 日，张健民爱人上官双俊前往山大医院生孩子，健民多次前往医院看望母子。1954 年 11 月 3 日记"坐三轮看双俊支洋 2000 元"；7 日记"坐三轮看双俊，买熟牛肉 4 两支洋 4500 元，雇洋车拉米面支洋 3000 元"。11 月 9 日，双俊和孩子出院时，健民一下子雇了 3 辆三轮车，共支 7000 元费用。

有时候健民去太原各个学校听讲座，也是乘坐三轮车。听专家讲座是他做统战工作的需要，也是他勤奋学习的习惯使然。1956 年 8 月 23 日他在账本中记录："往工学院听邓初民[①] 报告三轮车费 0.25 元。" 1956 年 12 月 9 日这一天健民记录："往工学院听王瑶[②] 报告文学研究三轮车费

①　邓初民，湖北石首人，著名社会科学家，中华人民共和国成立后，被山西大学聘为第一任校长。历任山西省人民政府副主席、副省长。著有《民主理论与实践》《世界民主与趋势》等。
②　王瑶，字昭深，山西平遥人，文学史家、教育家。中国新文学史研究学科的奠基人之一。当日，他在太原工学院做了一次文学讲座。

0.25 元。"

在 1950~1960 年代的太原，三轮车与健民一家的生活有着密切的关系。送远方来的亲人到火车站要雇三轮车，到医院看病要雇三轮车，接送孩子上学要坐三轮车，开会学习要雇三轮车。这些利用三轮车出行的往事，在张健民的账本里都有清晰的记录。

当时太原市的三轮车的运营由市三轮车服务社（后来叫太原市三轮车管理所）统一管理，每辆三轮车都需要上牌照，有统一的三轮车营运报销凭证。票价从两毛到一元不等。在太原市区，三轮车一直到改革开放后才逐渐被淘汰。

1953 年，健民所在单位发给他一辆自行车，那个时代自行车还很稀罕，他不会骑，孩子们想充分利用一下，但在他的严格管教下，没有一个人敢动这辆公家发的自行车。因为长久没人使用和维护，在闲放了一段时间后，自行车的轮胎也瘪了。没有办法，他只好推上自行车还给了单位。

1964 年，国家第一次对全国生产的自行车进行了评比，前三名分别是上海永久牌、凤凰牌和天津飞鸽牌。而有意思的是，健民正好在这一年的 2 月 8 日购买了他这个家庭第一个大件物品：一辆永久牌自行车，整整花费了 194 元，以及付自行车税、整圈、配锁等其他配套费用共计 7.26 元，后续还花费了 0.40 元并"领机关私用自行车木牌一块"。不仅如此，这辆自行车每年还需要支付固定的牌照税，比如 1965 年 1 月 10 日，账本上记录"付换自行车税牌支洋 3.06 元"；1967 年 1 月 17 日再次记录"换自行车税牌支洋 3.09 元"；1971 年 2 月 23 日记录，"付书魁原魁 71 年自行车税洋 5 元"等。此处的一个背景是，1962 年到 1964 年底，国家曾对自行车实行过高价限购，1964 年底才恢复平价。[①] 当时健民购入这辆自行车共花费201.66 元，可谓奢侈品。

当年能够骑着永久自行车上下班，即便对城里人来说，也是令人十分骄傲的一件事。根据后续账本的记录，这辆自行车大概是买给三儿子书魁的。我猜书魁骑上这辆车时一定曾异常兴奋。而家庭购买自行车这件事的意义，还远不止于物欲和虚荣心的满足，它还代表着中国人开始逐渐拥有私家交通工具，自此中短途出行的时间将不再被固定的班车时刻表和三轮车夫所限制，人们拥有了更大的自主性。

接下来的时间里，自行车慢慢地进入了太原市民家，也进入了健民的家，成为张家孩子们最主要的出行工具。比如 1969 年 4 月 30 日，健民记录"买阳生自行车卡片套等支洋 0.30 元"。1973 年 3 月 18 日，"买大链盒飞鸽自行车 1 辆洋 171 元"，这辆自行车应该是为二儿子阳生结婚而购买的。1973 年 10 月 20 日，"买凤凰牌自行车 1 辆支洋155 元"。到 1974 年时，健民家应该已经拥有 4 辆自行车了，因为在这一年的 3 月 6 日，健民在账本上记录："自行

---

① 乔荣章等主编《价格知识大辞典》，中国经济出版社，1991，第 216 页。

车牌照税 4 辆洋 9.60 元。"健民对儿女并不偏心，他不仅给儿子们买自行车，就是女儿买自行车，他也会资助。比如 1976 年 6 月 27 日，健民记录"付志琳买自行车补助洋 100 元"。1977 年 4 月 5 日，健民给儿子殿魁又买了一辆，当日记录"买自行车一辆支洋 177 元"。同年的 8 月 20 日，健民又购买了永久自行车一辆，花费洋 177 元，以及券 15 张。此时健民家已经拥有 6 辆自行车了。在不断购买自行车的同时，健民于 1964 年购买的第一辆自行车，也已经使用了 13 年，于是他便于 1977 年底将之处理给收购二手车的小贩，12 月 10 日记录："收处理旧自行车 1 辆洋 28 元。"健民账本上关于家庭购买自行车的最后一次记录出现在 1980 年：3 月 25 日，"买飞鸽自行车 1 辆支洋 189.83 元（付原魁）"。

1953 年，健民家曾短暂拥有第一辆自行车，但不会骑，也没人敢碰。从 1964 年算起，在此后十几年的时间里，健民家入手了 8 辆自行车，11 口人，人均 0.73 辆，几近人手 1 辆。且这 8 辆自行车基本均为永久、凤凰、飞鸽三大名牌之一，在很多地方这三大名牌直至 1980 年代才取消凭票供应。① 取上述标明价格的 5 辆自行车的平均价格，计 1 辆自行车 174.8［（194+171+155+177+177）/5］元，为买自行车，健民家累计支洋 1398.4 元。在当时，

---

① 关于三个牌子自行车实行凭票、限价供应的信息在多地地方志中均可查到，1970 年代之前出生的国人对此也有印象，故不标明出处。

有这样经济实力的家庭并不多见，但城镇家庭大抵总有一辆自行车。

在那个时代，人们的活动范围、人们的日常出行速度，是由自行车的车轮承载的。而出行的速度又在很大程度上形塑了人与城市或亲昵或疏离的关系。骑在自行车上，有更多的机会打量周遭的街道和人群，相比汽车带来的出行体验，自行车让人与周围环境更加融为一体，同时自行车比步行更便捷。健民或许曾骑着自行车上班、下班，路过大街小巷，向熟人点头示意。他的孩子们或许曾骑着自行车上学放学，或呼朋引伴地去郊游。看着账本上一串串记录，我仿佛听见了一串自行车的车铃声，依旧飘荡在那个已远去时代的上空。

革命家庭的似水流年

上官双俊同志

在健民的账本记录中，有一个人的名字经常出现，她就是健民的妻子上官双俊。在账本中，健民总是以饱含革命情谊的口吻称呼妻子为"双俊同志"。

与健民的革命经历比起来，上官双俊同志的资历一点也不逊色。她出生于1926年5月12日，与丈夫同为山西阳城县人，比丈夫小10岁，是他的第二任妻子。上官双俊出身贫寒家庭，她于1942年10月参加革命工作，1943年8月加入中国共产党。在抗日战争、解放战争时期，双俊同志曾先后担任阳城县五区和六区的妇救会主席，她响应党的号召，发动和组织了群众参军支前、制作军需及支援前线等工作。1949年，她任阳城县妇联主席、阳城县委委员。新中国成立后，双俊同志长期从事基层工作，历任长治县妇联主席、太原市北城区辑虎营办事处主任及书记、北城区区委委员、杏花岭街道办事处书记、巨轮街道办事处书记、鼓楼街道办事处书记等职务，1985年离休。

双俊同志的前夫李培信是山西平定人，曾任解放军华北军区四十四旅政治委员，1948年在解放太原战役中牺牲。健民与双俊重组家庭时，双俊同志带过来一个男孩，名叫李阳生。从1952年健民开始记录家庭账本开始，阳生这个名字就不断地出现在账本之中。二人结婚后，曾有人劝健民把李阳生改名张阳生，健民没有同意，因为李阳生是烈士之子，他说他不能让烈士之子更改名姓，他认为应该让孩子给烈士顶门立户。健民不仅承担起抚养烈士之子的责任，还承担了照顾李阳生爷爷李平章生活的责任，经常给老人寄信寄钱，问寒问暖。在健民的生活账里，就曾有过这样的记录：

1952年7月13日，补寄李成章信一封邮费洋800元。

1954年7月9日，付寄平定李成章老人（小高①经手）洋200000元。

由此可见健民为人处世的风格：善良宽厚、尊重长者，体恤他人。

尽管在账本中，我们看到的是健民勤俭持家、计筹度日的较真与苦心，但将张家大大小小11口人的生活打理得井井有条，让9个子女自小身处一种朴素但有尊严生活之中的最大功臣，其实是双俊同志。

健民工作繁忙，在孩子们的回忆文章里，父亲经常将工作材料带回家来写，而在登门拜访的人中，与工作有关的也占多数。所以张家的吃穿用度、柴米油盐，经办者往往是双俊同志。从1952年开始，一直到1993年健民记账的最后一年，我特意每隔5年随机挑选一个月来"开盲盒"观察。不出我所料，在每一个随机挑选的月份里，我都能看到健民以"家用费""零用"的名义付给双俊同志若干金

---

① 小高即高首先同志，原省妇联副主任。

额钱数的记录：

　　1952 年 7 月 21 日，双俊同志取零用洋 40000 元；
1957 年 9 月 22 日，双俊同志取家费零用洋 2.80 元；1960
年 2 月 28 日，双俊同志手家费洋 3 元；1965 年 5 月 22
日，付双俊同志手家用洋 26 元；1970 年 5 月 14 日，付双
俊同志手用洋 30.44 元；1975 年 10 月 13 日，付双俊同志
手家用洋 30 元；1980 年 8 月 13 日，付双俊同志用洋 70 元；
1985 年 3 月 10 日，付双俊同志用洋 10 元，第二天，付双
俊同志手用洋 100 元；1990 年 2 月 13 日，付双俊同志家用
洋 150 元；1992 年 5 月 12 日，付双俊同志家用洋 150 元……

　　每一个月，双俊同志都需要将自己的工资交给丈夫，
而健民采取的家庭经济管理方式是"统收统支"，最终一
笔笔的钱又交回到了妻子双俊同志的手中。这一笔一笔数
额不等的钱，通过双俊同志的手，付给了卖蔬菜的小贩、
副食店的营业员、布店的伙计、学校的收费处、家中的保
姆……如果说健民是"掌柜的"，双俊同志则是操持这个
大家庭的"大管家"。可见，即便在有新式信仰、主张男
女平等的革命干部家庭，财权也牢牢掌握在丈夫手中，而
妻子扮演的往往是"经办"的角色。

　　可以说，健民和双俊的婚姻颇具"革命＋传统"的特
色：从健民将双俊的男孩视如己出，不要求其改姓且向双
俊前夫的父亲寄钱可见两人婚姻的"革命"一面；而健民
统筹财权又颇具"传统"色彩。这种"革命＋传统"的婚
姻在那个年代有相当的代表性：传统的存在，使得婚姻关

系更具相濡以沫的温情色彩，使得婚内关系有朴素的人情味；而夫妻之间以"同志"相称的革命新风，也为婚内关系增加了一种有组织意味的黏合剂。两种因素共同保障了那个年代婚姻的稳固。

从现有记录看，健民很重视他与双俊的夫妻关系。账本中唯一一次以日记体形式出现的大段文字记录，有辟谣性质——辟除他与双俊离婚的谣言。那是在1953年12月8日，健民写道：

> 今日接岳丈来信，内有奇传二则，致使岳母听到日夜啼泣，岳丈似虽不信，但又为之狐疑，故来信探询，奇传为：
>
> 一、岳母听我与双俊"离婚"。
>
> 二、又听说我"病故"。
>
> 为使老人等放心，并解误传，当夜作复，明日即予发出回音。
>
> 我想可能因郭进金同志之病故讹传。因我们为邻乡，年龄又相仿，又均在并垣工作，且均与前妻离过婚，复各有前室所生子女，加上他们深居山僻，交通梗阻，竟为讹传所惑也。
>
> 至于有意捏造谣言之说，我不予信。
>
> 健志

1975年7月10日，健民因病在山医大一院住院，难得地给妻子儿女写了一封情深意长的家信，其中关于妻子上官双俊同志，健民是这么写的：

> 对于双俊同志，你们作为儿女子媳，都能自觉地体会年月长短不同，都受过她养育之情，应从精神上给以慰藉。她是旧社会一个佃农家庭出身，旧社会剥夺了她读书的权利，是共产党从火坑中把她解救了出来，参加了革命，加入了中国共产党，经过30多年的实践锻炼，已是有了较好的工作能力和广泛联系群众的思想与工作作风。在这一点上我深感大不如她，应该向她学习。[①]

晚年时，双俊同志自感时日无多，曾于2003年10月28日写下《我的留言》一篇，在薄薄的两页稿纸中，双俊同志回忆了自己在新中国成立前参加革命时的"激情燃烧的岁月"，也严肃认真地规划了自己的后事。她嘱托子女自己去世后骨灰不必送回阳城老家，而是"在太原找上一块树葬的地方或死后树葬，还可以美化环境节约国家资源省时又省劲"。她之所以选择去世后留在太原而不回老家阳城，是因为"离你们（儿女）近些，也好照应你们"。同时双俊同志还继续叮嘱儿女们"你们不要为我多请假扣钱，剩下时间去好好工作和学习，照看好你们的身体"。一个慈祥又严格的母亲，在自己的生命来日无多时，牵挂

---

① 张健民：《对家属的留言》，《峥嵘岁月——张健民同志专辑》，第225页。

最多的仍然是一群儿女。

在距离第一份遗嘱写下 4 年后的 2007 年 8 月 14 日，双俊同志又写下了她的第二份遗嘱。在这份两页半的遗嘱中，双俊同志详细地给儿女们交代了一系列具体身后事项，比如遗嘱执行人的人选、遗产的分配份额、丈夫健民遗留书籍的处理方式、房屋的分配等。

在遗嘱的末尾，双俊同志依旧是良苦用心地教育儿女们关于遗产的问题，"你们都不要争抢，不要让世人笑话你们，给你们的父母丢脸，咱们家在省委大院和省政协大院都是好明（名）声，曾被社区评为五好家庭"。

在遗嘱的末尾，双俊同志的一句话，竟也硬生生地戳入了我的心中，令我这个陌生晚辈禁不住潸然泪下。

我和你们父亲都走了，你们一定要团结互助，谁家有什么事都要互相照顾才是，另外要注意你们自己的身体，岁数都不小了。

这是一位母亲最朴素的挂念，也是她留给儿女们最后的教诲。

一辈儿女

健民一生共有 11 个子女，其中两个孩子幼年夭折，另外 9 个子女都由健民和妻子上官双俊共同抚育成人。他们分别是从姐姐家过继到健民家的大女儿张志琳（小名林林，1937 年出生）以及健民与前妻所生的大儿子张整魁（1944 年出生）；第二任妻子上官双俊同为阳城县出来的革命干部，她带过来一个儿子李阳生（1947 年出生，烈士李培信之子），以及健民与双俊共同生育的三儿子张书魁（1950 年出生）、二女儿张访荣（1951 年出生）、四儿子张原魁（1954 年出生）、五儿子张殿魁（1956 年出生）、三女儿张薇荣（1958 年出生）、六儿子张炎魁（1959 年出生）。健民还曾经有过另外两个孩子，但不幸都因病于幼年夭折。一个是在 1939 年"十二月事变"期间，健民与前妻有过一个孩子，但这个孩子刚过满月即因病夭折；另一个是健民与妻子双俊在 1953 年时所生的一个儿子，名叫张友志，1956 年 3 岁时因病夭折。关于友志的记录，曾出现在健民那两年的家庭账本中，包括友志夭折时所有的相关开支记录。9 个孩子中，最大的姐姐张志琳与最小的弟弟张炎魁年龄相差 22 岁。

张家人口最多时，包括健民、双俊夫妻二人，以及 9 个孩子外加 1 个保姆 1 个奶妈共 13 口人。13 个人全要靠健民、双俊二人的工资维持度日，这也是健民开始记账的一个重要原因。只有把这个大家庭所有的吃穿用度全部谋划好，量入为出，才有可能使之稳定，不致发生捉襟见肘、寅吃卯粮的尴尬、困顿局面。而这种局面是健民最不愿意遇到的。

1988 年 6 月 10 日，健民 72 岁，年过古稀。他想要总结一下自己的一生，于是在这一天写下了两句诗：

> 身外客物何所有？
> 一辈儿女数架书。

"一辈儿女数架书"是谦语，也是实情。

健民一生对于众多子女的教育，以严苛、不苟言笑为特点。在孩子甚至孙辈的记忆中，健民留给孩子们的印象是严肃有余，温情不足。

长子张整魁在回忆父亲的文章中写道：

> 父亲缺乏其他爱好，除了工作、看书、主持家中大事，很少能和孩子们玩玩，更别说打闹、游戏。因此，孩子们对父亲充满敬畏，亲和不足。[1]

三儿子张书魁也有同样的感受：

> 爸爸忙，总有做不完的工作。只要他在家，我们都不敢喧闹、嬉戏。他几乎没有时间和儿女们谈天说

---

[1] 张整魁：《无尽的追思》，《峥嵘岁月——张健民同志专辑》，第186 页。

地，使我们总感觉爸爸很威严。①

在对待子女教育上，健民直接的交流少，多采取身教的方式。大儿子张整魁从中国人民大学毕业后，响应毛主席号召，分配到了新疆生产建设兵团支援边疆建设。后来因为对大漠边疆的自然环境和远离亲人的生活难以适应，就试着写信给父亲，看能不能让父亲帮自己调回太原工作。健民对儿子说："我是党的干部，身边又有你们这么多儿女，我想不出什么理由向组织提出要求。况且，许多省级领导的儿女也在外省边远地区工作，也没有调回来啊。"

因"文化大革命"耽误上大学的三儿子书魁遇到了一个机会，有可能圆他的大学梦，那就是全国开始招考"工农兵学员"。从1969年同济、复旦、大连理工学校等校试点从工农兵中招生到1976年"文化大革命"结束，全国高等院校共招收了94.18万基于推荐制的大学生，统称为"工农兵学员"。只要是政治思想好、身体健康，年龄在20岁左右，有相当于初中以上文化程度的工人、贫下中农、解放军战士和青年干部，以及在单位表现特别突出的个人，一经当地革命委员会推荐，政治审查合格后，不用参加高考，即可成为"工农兵学员"。②

① 张书魁：《爸爸永远在我心中》，《峥嵘岁月——张健民同志专辑》，第192页。

② 杜成宪主编《共和国教育60年（第2卷）·山重水复（1966—1976）》，广东教育出版社，2009，第127页；刘小萌等：《中国知青事典》，四川人民出版社，1995，第331~332页。

书魁在这之前已经刻苦自学了近一年的时间，自信凭借自己的工作表现和群众基础，被推荐为"工农兵学员"应该不成问题。但他没有想到的是，他所在的厂主要领导，因为"派性"立场以及人情交易，硬是把他卡住了，不予推荐。书魁当时急了眼，自己找省招办领导、找学校老师反映情况，但都没有结果。走投无路的书魁希望父亲能为自己推荐"工农兵学员"的事情找找他在省里负责文教工作的老战友。但健民拒绝了，理由是"我们还是要相信组织，要靠自己的表现"。最后的结果是书魁所在的厂硬生生地把一个指标浪费掉，也没有推荐他。

多年以后，书魁在回忆父亲的文章中提及此事，我还能在字里行间中感受到他的遗憾，以及对父亲的不解甚至略带抱怨的情绪。好在1982年开办电视大学后，一直对上大学心心念念的书魁凭借自己的努力考取了"电大"，圆了大学梦。而他的两个弟弟殿魁和炎魁，也同样是通过这条路径，取得了大学文凭。

健民的小儿子张炎魁1976年参加工作，被分配到了太原市民政局下属的太原市电机五金厂当冲压工。这是一个盲聋哑人居多的福利工厂，炎魁为此非常苦恼，希望父亲给老战友打招呼，帮他调换一个工作。父亲对他说："你的父亲能给你写一个条子，其他人的父亲也有这个条件吗？如果人人都托门子找关系调出去，那艰苦的地方让谁去？别人能在这样的环境中锻炼，你为什么不能？你哪一点比别人特殊？"一连串的灵魂质问让炎魁无话可说，但又伤心至极，内心埋怨父亲"不近人情"。

健民的 9 个子女，除了长子整魁在"文化大革命"前上了大学，其弟、妹全部受到时代的影响，或上山下乡或进工厂，而无深造机会。几个孩子无论是上学、入伍、参加工作、结婚、职务晋升，几乎都没有依靠父亲健民的关系（或许是想依靠也依靠不上），而是凭借自身的努力和组织的培养（当然，有时候也靠母亲瞒着父亲偷偷帮一下忙）。

健民的外孙女邱永芳记得，有一次二舅上班时在工厂里拿了一个火钩子回家，被姥爷看见，狠狠地骂了一顿，让他把火钩子拿回去，说"公家的东西绝对不能往家拿！"最后二舅只好把火钩子送回了工厂。

健民对待子女教育的逻辑是这样的：国家给老一辈革命干部的待遇，不应该由子女来享受。组织上给予自己的所有待遇，子女们是不能"沾光"的。对于自己的想法，健民毫不讳言，他也曾对长子张整魁多次说过："这是党和人民给我们的待遇，你们没有资格享受！"

健民的外甥凌明太对舅舅的不近人情，也有深刻感受，甚至哭笑不得。1955 年，高小毕业的他想让舅舅帮忙找一份工作，为此他多次给舅舅写信或者登门求助。但他得到的除了舅舅给他讲的一堆"我是为党和人民当官，为党和人民办事，你想工作只能在村里好好表现"之类的大道理，就是一封封在纠正了一堆错别字和病句后返还给他的信。

在 1975 年 7 月 10 日写给妻子儿女的家信中，健民曾坦承自己对子女教育严苛的原因："我对你们严格，是因为我是一名共产党员，除了合乎党和人民的根本利益，对自己亲属的一切不正当要求，我绝对不能为做'好父亲'而百依百顺，绝不能因满足你们一时的要求而招致一生的政治污点。"[1] 这种现在看来不近人情的态度，却是那一个时代很多老干部发自内心的真实想法。

孩子们最初对父亲的做法很不理解，甚至抱怨过父亲"刻板、绝情"。长子张整魁曾经分析过父亲这种做事风格的成因，他认为也许父亲太把组织和事业理想化了，认为我们党的领导干部，个个都应该有这样的水平和觉悟。但时间久了，尤其是孩子们自己也慢慢长大、变老，也有了第二代、第三代的时候，父亲当年那极具理想化的所作所为，才越来越得到了子女们的理解甚至佩服。

实际上，从健民 41 年的生活账里，处处可以看到他对子女关心的点点滴滴。数字不会骗人，在漫长的人生岁月中，健民对于每一个孩子的关心与爱护，都浸润在了他记录的一笔笔家庭账目中，他为他们买衣服、玩具，带他们看戏、打牙祭……张家的几个男孩子小时候似乎都比较调皮，账本中不时出现父亲赔付他们损害的公物或其他小朋友玩具的记录。虽然因为经济和生活习惯的原因，健民需要带领孩子们尽量节俭度日，缝补丁、补鞋底的记录遍布

---

① 张健民：《对家属的留言》，《峥嵘岁月——张健民同志专辑》，第 226 页。

家庭账目之中，且延续了近30年，但他对子女一点一滴的爱与付出也浸润在一串串的数字中。

当时国家经济困难，家家都不富裕，每个家庭的家风各有不同。在子女教育方面，工作繁忙、不善亲子沟通的健民，更多地是以自己的精神品质和学习习惯，给孩子们予以具体的示范。"言传"不如"身教"，大道理谁都会讲，关键是要看父母平时是如何做事情、干工作、为人处世的。

小儿子张炎魁回忆：

> 父亲一生教育我们，公家的东西不能拿，国家的便宜不能沾，一切都要自食其力，自力更生，从我记事起，家里的每一根针、每一尺线、每一寸钉、每一张稿纸、每一个信封、每一瓶墨水，都是父亲买回来的。①

张炎魁先生所言不虚，这些在账本里都有记录。健民是一个讲原则的人，一生追求真理，在政治风浪中，不随波逐流、不明哲保身，坚持客观公正、实事求是，不唯上、不谄媚，这些对他的子女都有深刻的影响。健民后来总结说："对自己的子女首先做到严格要求，循循善诱，力求他们能沿着党指的方向前进，在这一点上，我愈来愈感到比之物质养育的重要性更有过之。"

---

① 张炎魁：《心中的丰碑，无尽的怀念》，《峥嵘岁月——张健民同志专辑》，第209页。

健民注重对子女精神上的指导，他也欣喜地看到自己的儿女们逐渐成人，陆续走上社会工作岗位，取得各自的成就，他为社会培养了有用的人才。所以在他的心目中，自己人生最大的财富是这一辈儿女。

数字不会骗人，我把健民家庭账本中关于每一个孩子的花销记录，有选择地摘录一些如下，读者自然可以感受到他对待孩子们的态度究竟如何。

大女儿张志琳（小名林林，1937 年生）

1954 年 4 月 18 日，林林买口琴一支与整魁零用钱洋 34700 元。

1955 年 3 月 18 日，买林林煮衣服颜色 2 包，支洋 0.27 元；27 日，林林等三人看京剧，支洋 2 元；5 月 22 日，买林林用和平日记一本，支洋 0.53 元；11 月 27 日，买林林用方格花布 7 尺，支洋 3.60 元。

1956 年 1 月 15 日，林林、阳生做单衣两件、棉裤一条，棉花 12 两，共支洋 3.68 元；8 月 28 日，林林买香皂、袜子，支洋 2 元；10 月 14 日，买志琳双面卡单裤一条，支洋 5.81 元。

1957 年 9 月 5 日，志琳买鞋一双，支洋 4.20 元。

1959 年 9 月 13 日，付志琳买球鞋及零用洋 6 元；10 月 18 日，付志琳绒裤 1 条家用菜费洋 7 元；20 日，付志琳赴汾河水库劳动零用洋 5 元；12 月 13 日，付志琳棉鞋、零用洋 8 元。

1960 年 2 月 21 日，付志琳买整魁袜子等洋 2 元；3 月 6 日，付志琳零用洋 2 元（劳动半个月）；7 日，付临时保姆 15 天支洋 9 元。

1962 年 5 月 13 日，付志琳买鸡蛋，支洋 5 元；9 月 9 日，付志琳买草本等洋 3 元。

1963 年 1 月 17 日，付家费洋 5 元（志琳手）。

在 1960 年前后，即便此时家中已经有石烈珍和赵小女两个长期保姆，大女儿志琳仍需在家务上协助父母。在 1960 年的 3 月 6 日和 7 日的账目中，我观察到一个细节：父亲健民在一笔 6 日支付志琳 2 元零用钱的记录后边，备注了"劳动半个月"，紧接着在 7 日的记录中，便出现了"付临时保姆 15 天支洋 9 元"的记录。另外，在这两年的家庭账目中，总能看到有一些账目后边标注志琳经手。毕竟，此时志琳已经 23 岁，她的二妹访荣 9 岁，三妹薇荣 2 岁，三弟书魁此时 10 岁，四弟原魁 6 岁，五弟殿魁 4 岁，六弟炎魁更是还不满周岁，志琳作为大姐承担了不少家务，父亲似乎也有意锻炼她自食其力的意识和能力，因此向她支付"劳动报酬"。

1960 年代中期之后，关于志琳的记录就很少出现在家庭的账本之中了。与几个儿子不同，健民三个女儿的结婚生子情况，统统没有出现在他的家庭账本中。

二女儿张访荣（1951 年生）

1950 年，中共中央特派出以华北局书记聂真同志为团长的老区慰问团，访问阳城等县的革命老区人民，感谢老区人民在战争年代对革命事业的无私奉献和支援。慰问团旗帜上写着"发扬革命传统，争取更大光荣"的题词。恰当此时，健民的第二个女儿出生了，他为她取名"访荣"，以表纪念和永志不忘党对老区人民关怀的心情。账本中与访荣有关的开支也比比皆是。

1954 年 12 月 30 日，买访荣帽子一顶、手绢一块共支洋 26700 元。

1955 年 4 月 10 日，买访荣小线衣一件支洋 1.72 元；6 月 27 日，买访荣小毛巾被一张支洋 3.77 元；10 月 2 日，买访荣灯芯绒夹克一件支洋 10.80 元；12 月，付访荣保育费 24 元。

1963 年 1 月 13 日，付访荣洗澡支洋 0.45 元；9 月 2 日，付书魁、访荣、原魁 3 人学杂费洋 11 元。

1964 年 1 月 16 日，付书魁、访荣、原魁预交书费洋 12.50 元；8 日，付书魁、访荣修水笔等洋 0.47 元。

1965 年 1 月 29 日，买访荣鞋一双支洋 3.38 元；2 月 13 日，付访荣交学杂费洋 4.50 元；27 日，付访荣 3 月份伙食费洋 8.70 元、粮 29 斤、油 4 两。

1975 年 5 月 2 日，访荣买车票回晋城洋 10 元。

三女儿张薇荣（1958 年生）

三女儿张薇荣出生的 1958 年 4 月，健民在 22 日当天的账目中记录："送双俊同志住产科三轮费 0.90 元，付双俊住院挂号费 0.50 元。"到了 29 日，女儿薇荣已经出生，账本中记录，"付双俊同志生产大小人伙食费洋 7.75 元"，以及妻子双俊的下奶药费洋 0.30 元和接双俊出院的三轮车费 0.75 元。

三女儿薇荣和小她一岁的弟弟炎魁，两个人出生后的一段时间里经常生病，健民账本之中对此多有记录。

1959 年 8 月 18 日，付薇荣看病洋 3 元；19 日，付薇荣住院治疗肺炎预交洋 30 元；24 日，付薇荣住医院及看肺炎门诊支洋 18 元。

后来，薇荣到了上保育院的年龄，1964 年 6 月 13 日的账本中记录付薇荣保育费 3.4 元。

再后来，薇荣上学了，1971 年 2 月 27 日的账本中，就有了"付薇荣修水笔用洋 0.30 元"的记录。

1979 年，曾经的"知识青年"薇荣返城，父亲 6 月 30 日在账本中记录"付薇荣粮票 4 斤（办退场手续）"。

大儿子张整魁（1944 年生）

长子整魁于 1963 年考上大学离家赴京，之后辗转于新疆、北京、深圳，整整离开家乡几十年，与他的父亲乃至他的原生家庭聚少离多。整魁先生曾回忆："我从小学一年级起，就在学校寄宿，只有小学二年级是走读，父亲当时很忙，因此，在每学期开学期间，只有周六晚上和星期天父子才有可能在一起。"[1] 但即便如此，他的成长印记，也

---

① 张整魁：《无尽的追思》，《峥嵘岁月——张健民同志专辑》，第 186 页。

大多记在了父亲的账本之中。

1954 年 12 月 27 日，"带整魁吃牛肉丸糕支洋 3000 元，买整魁手套一副支洋 3800 元"。

1955 年 2 月 1 日，为整魁买橡皮用洋 1000 元；27 日，买整魁用华孚金笔一支洋 5.56 元；4 月 24 日，买整魁汗背心 2 个支洋 1.30 元；5 月 1 日，带阳生、整魁游晋祠零用洋 0.62 元；17 日，买整魁表麻疹用琐琐葡萄（中药）支洋 0.15 元。

1956 年 1 月 15 日，买整魁手套一双支洋 0.57 元；8 月 19 日，买整魁《少年文艺》《民间文学》两本支洋 0.42 元；22 日，整魁磨水笔尖，阳生吃糖支洋 0.40 元；10 月 14 日，买整魁黑 85 绒衣一件支洋 5 元，买整魁用大字帖 2 本支洋 0.12 元；买整魁手套一双支洋 0.65 元。

1957 年 5 月 19 日，买整魁赔学校玻璃一块支洋 0.22 元；22 日，买整魁球鞋一双支洋 6.16 元，整魁配水笔抽管帽支洋 0.05 元。

1959 年 8 月 31 日，付整魁学杂费及 9 月份伙食费洋 18 元；11 月 23 日，买整魁棉花一斤支洋 1.10 元；12 月 13 日，买整魁棉鞋一双支洋 6.15 元。

1960 年 1 月 23 日，付整魁买铁锅及邮资 3.04 元。

1963 年，整魁考上了中国人民大学，这是张家的一件大事，但显然上大学的开销也不少，平均下来大概每月需要 40 元左右。

1963 年 8 月 28 日，付整魁上大学带去洋 60 元。

1964 年 2 月，付整魁买火车票等洋 5.7 元；15 日付整魁带学习费用 60 元。

1967 年 4 月 12 日，付整魁学习费（4、5 月）洋 60.60 元；10 月 6 日，付整魁用洋 10 元，付整魁带阳生手表洋 82 元。

1969 年 2 月 14 日，寄整魁书刊邮资洋 0.49 元；5 月 1 日，寄整魁、陈洪（整魁妻子）卫生衣裤等支洋 2.86 元。

1973 年 11 月 24 日，寄整魁代为孙儿买东西洋 50.50 元。

1975 年 9 月 13 日，买小磊子（长孙张磊）巧克力糖洋 0.15 元；14 日，买小磊子四座轿车支洋 2.82 元；19 日，买小磊子枪带支洋 0.25 元；22 日，买小磊子布裤支洋 3.32 元，布证 3.5 尺；26 日，为小磊子抓中药 4 剂支洋 0.90 元；29 日，付整魁安家等费用 200 元；20 时送整魁、磊子返京；10 月 29 日给整魁写信并附照片两张。

二儿子李阳生（1947 年生）

养子李阳生因为年龄与哥哥整魁相近，所以在父亲健民的账本中，总能看到他两人连在一起的吃、喝、游览等的记录。

1955 年 1 月 18 日，整魁、阳生吃元宵共支洋 3200 元；4 月 10 日，买整魁、阳生用小木梳 2 个支洋 0.2 元；5 月 1 日，带阳生、整魁游晋祠零用洋 0.62 元；29 日，买阳生要小拖拉机一个支洋 2.80 元；9 月 6 日，阳生看病挂号药费洋 0.45 元。

1956 年 8 月 12 日，整魁、阳生游晋祠花洋 0.15 元；28 日，整魁、阳生理发支洋 0.40 元。

1962 年 5 月 27 日，付整魁、阳生灰塑底鞋 2 双 11.60 元。

1963 年 1 月 8 日，付阳生买赴北京车票等洋 10 元；2 月 3 日，付阳生 2 月份伙食费书籍等费洋 15 元。

1969 年 8 月 14 日，收阳生 8 月份工资洋 40 元；9 月 14 日，收阳生 9 月份工资洋 40 元；2 月 8 日，收阳生领公费洋 30 元；4 月 30 日，收阳生领得公费补助洋 30 元。

1973 年，阳生结婚了，父亲健民为阳生的婚礼添置了不少的"大件"：1973 年 3 月 11 日，买东风 19 钻手表一只支洋 122.30 元；18 日，买大链盒飞鸽自行车一辆洋 171 元；21 日，付阳生备结婚穿着洋 200 元；7 月 24 日，买东风全钢手表、带链一只支洋 122.42 元；8 月 5 日，阳生婚事便餐 6 桌支洋 106 元，粮票 30 斤；10 月 20 日，买凤凰牌自行车一辆支洋 155 元。

三儿子张书魁（1950 年生）

前文提到三子书魁曾因请父亲帮忙推荐其入选"工农兵学员"事不果，对父亲略生不满，事实上父亲对他并非不关心，从账本点点滴滴的记录中可以看出父亲曾努力为他营造多彩的童年。书魁成年后割扁桃体，父亲还会体贴地为他买橘子汁。以下是账本中的部分记录：

1956 年 1 月 15 日，带整魁、书魁午餐吃牛肉丸、麻花洋 0.45 元；8 月 12 日，买书魁木机枪一支支洋 0.85 元；买书魁水果糖 2 盒支洋 0.24 元。

1957 年 6 月 1 日，买书魁用小皮带一条支洋 0.96 元。

1959 年 11 月 8 日，买整、殿、书、炎四人冬衣布 34 尺支洋 11.82 元；22 日，买书魁冬硬灰裁绒帽 1 顶支洋 2.81 元；12 月 6 日，买书魁、原原棉鞋 2 双支洋 9.76 元。

1963 年 1 月 5 日，付书魁、访荣、原魁学杂费洋 10.50 元（1963 年一学期）。

1964 年 3 月 4 日，付书、访、原、殿四人学杂费 14 元。

1965 年 2 月 16 日，付书魁课草本、学杂费、2 月份伙食费洋 11.10 元；17 日，付书魁丢失同学买球钱及零用洋 1.40 元；27 日，付书魁 3 月份伙食费及领用洋 10.87 元。

1968 年 1 月 4 日，付书魁买棉花、衬衫等洋 8.50 元；7 日，收书魁垫买煤 400 斤洋 3.54 元；12 日，买鸡蛋一斤支洋 0.90 元（书魁手）；20 日，付书魁手买物洋 5 元；23 日，付书魁买物洋 3.45 元；3 月 30 日，收书魁汇来洋 50 元。

1969 年 7 月 30 日，付书魁买菜洋 2 元；8 月 11 日，付书魁买煤 900 斤等洋 10 元。

1971 年 2 月 12 日，书魁在东方红医院割扁桃体；13 日，买书魁用橘子汁等支洋 1.48 元；25 日，收书魁 2 月份工资 20 元；26 日，收书魁报销医药费洋 35 元；7 月 10 日，买书魁雨靴 1 双支洋 6.19 元。

1976 年 6 月 14 日，收书魁交 4、5 月份部分工资洋 50 元；28 日，收书魁交 6 月份粮票 9 斤；7 月 2 日，付书魁买书洋 10 元。

1978 年 1 月 27 日，付书魁买电视机洋 430 元；3 月 21 日，付书魁结婚衣着费洋 200 元；14 日，付书魁买毯子、旅行结婚费用 150 元；15 日，书魁结婚，夜旅行赴北京；23 日，上午书魁两自北京返来；28 日，付书魁结婚待客洋 60 元。

四儿子张原魁（小名原生、原原，1954 年生）

从小体弱多病的四子张原魁在 10 岁之前一直被父亲昵称为"原原"。账本中关于他的记录也不少：

1954 年 11 月 10 日，买婴儿尿布一块支洋 24150 元；11 日，买三角胶尿布一块支洋 4300 元，买奶瓶毛刷子一个支洋 800 元；12 月 4 日，买原原涎水牌 2 个支洋 11900 元。

1955 年 1 月 17 日，给原原玩用大红绢花一朵支洋 6000 元；4 月 10 日，买原原用小棉花绒毯一条支洋 3.40 元；5 月 20 日，买原原小凉帽一顶支洋 1.30 元；12 月 25 日，买原原涎水牌一个支洋 1.08 元。

1956 年 1 月 11 日，原原看病（坐三轮及药费）支洋 1.03 元；15 日，买原原小海军帽一顶支洋 1.05 元；8 月 12 日，买原原藕粉一盒支洋 0.40 元；10 月 16 日，买原原木碗一只支洋 0.20 元；25 日，买原原毛衣一件支洋 18.67

元；12 月 27 日，买原原用苏打饼干 1 斤、藕粉半斤支洋 2.57 元。

1957 年 1 月 5 日，付原原看病三轮、挂号、药费洋 0.61 元；11 日，为原原看病三轮、注射、化验、药费共支洋 2.31 元；9 月 26 日，原原看病支洋 3 元；27 日，原原看病及家费零用洋 13 元。

1959 年 10 月 10 日，买原原球鞋一双支洋 2.66 元；11 月 5 日，付原原看病及家费零用洋 1.28 元；7 日，付原原看病（肺炎注射）支洋 1.65 元；10 日，付原原看病支洋 3.05 元。

1964 年 6 月 14 日，买殿魁皮凉鞋一双、原魁布鞋一双洋 7.56 元；21 日，付原魁后半年书、抄本费洋 2.50 元。

1965 年 2 月 23 日，付原魁、殿魁学杂费洋 6 元；3 月 13 日，买原魁球鞋、殿魁布鞋、薇荣球鞋、炎魁皮鞋共 4 双支洋 14.54 元。

1971 年 2 月 18 日，收原魁烤火费洋 6 元；20 日，付原魁买饭票洋 2 元；23 日，付书魁、原魁 1971 年自行车税洋 5 元；27 日，收原魁 2 月份生活费 20 元；7 月 10 日，买原魁塑雨衣一件支洋 6.14 元。

1975 年 6 月 4 日，上午原魁送求书魁长信，让全家传阅。

1976 年，原魁光荣入伍了，账本中于是有了相关记录。

1976 年 2 月 24 日，买原魁参军物品洋 21.20 元；26 日，全家送原魁参军入伍。

1979 年 4 月 3 日，晚原魁探家归来；18 日，付原魁买归队车票等洋 20 元；买原魁手表（预交）洋 125 元；20 日，付原魁汾酒 2 瓶；22 日，晚原魁探家假满归队。

1980 年 3 月 25 日，买飞鸽自行车一辆支洋 189.83 元（付原魁）。

1981 年 4 月 25 日，付原魁行婚情洋 10 元；12 月 1 日，付原魁待木工洋 5 元，酒 1 瓶；12 日，付原魁木匠工资洋 45 元；14 日，付原魁买清漆 20 元。

1982 年 1 月 19 日，收原魁交 1 月份工资洋 40 元；3 月 11 日，付原魁婚宴费洋 100 元。

五儿子张殿魁（1956 年生）

在四子原魁出生之前，健民和双俊还生过一个儿子，取名为友志。1956 年，3 岁的友志不幸夭折。在友志夭折一个月后，张家的第八个孩子殿魁出生了。

关于殿魁的第一笔开销记录，是在 1956 年 10 月 14 日，健民为妻子双俊购买了备产麻纸 4 刀，共支洋 0.60 元。孩子出生后，开销自然就会加大，接下来，健民的小账本上，关于第八个孩子殿魁的记录便频繁起来。10 月 26 日，双俊生产（殿魁）预交医疗院伙食费 10 元；31 日，双俊生殿魁接产、住院、伙食等费洋 15.60 元；11 月 1 日，买小热水瓶一只（婴儿装牛奶）支洋 3.95 元；11 月 16 日，付殿魁试用奶姆八天洋 4 元；等等。

1962 年 6 月 14 日，付殿魁保育费洋 11.67 元；

1965 年 3 月 13 日，买原魁球鞋、殿魁布鞋、薇荣球鞋、炎魁皮鞋共四双支洋 14.54 元；

1969 年 8 月 10 日，买殿魁用游泳裤衩洋 1.12 元；6 月 1 日，买殿魁小帽一顶支洋 1.60 元。

1974 年 9 月 30 日，付殿魁 9 月份买粮 3 元，收殿魁交 9 月份粮票 9 斤。

1976 年 5 月 20 日，付殿魁赔锹把洋 1.20 元；6 月 2 日，付殿魁用洋 2 元；14 日，付殿魁理发洋 0.2 元；7 月 2 日，付殿魁用洋 1.40 元。

1979 年 1 月 24 日，收殿魁交 1 月份粮票 10 斤；2 月 1 日，殿魁户口、粮供转冶校。

1980 年 3 月 11 日，付殿魁学习费洋 10.20 元。

1981 年 12 月 12 日，付殿魁学习自用洋 5 元。

六儿子张炎魁（1959 年生）

伴随着小生命的诞生，除了喜悦之外，还有花销。在 1958 年、1959 年连续两年，最小的女儿薇荣和最小的儿子炎魁相继出生。原本就人口众多的张家，接连又多了两个孩子，家庭的开支账目，自然会增大。每个月开支账目的名单变得越来越长：房租，伙食费，奶费，保姆工资，访荣的保育费，志琳、整魁的伙食费，原魁、薇荣、炎魁的奶费等等。

同他们的哥哥姐姐一样，薇荣和炎魁刚一出生，就需要临时请奶母来照护，而且健民除了付奶母的工资，还需要支付新出生孩子的奶费。比如5月份27天，薇荣的奶费支出为18元；6月份的奶费是20.50元；7月份薇荣奶母的工资是为20元。

1959年7月底，健民最小的儿子炎魁出生，自然又需要买一大堆东西。8月6日，买奶粉、白糖4两支洋3.06元；9月1日，炎魁奶粉及家零用洋6.80元；27日，买炎魁被里、衣料布9.5尺支洋3.59元；10月14日，买炎魁用奶粉1斤，炼乳1筒，白糖3.5斤，用洋7.03元。

那时候的健民，一定是在手忙脚乱中度过的。一边是刚刚还在月子里的婴儿需要照顾，既要为他买奶粉、白糖，又要为坐月子的妻子买鸡蛋红糖；那边才1岁多的小女儿薇荣因肺炎而住院治疗，看病抓药都需几十元的支出，20元的奶母工资也不能少；此外还有女儿林林每月伙食费要交，儿子整魁、阳生的学杂费、伙食费也要付。

薇荣和炎魁两个孩子出生后体质都比较弱，经常生病，加上正逢"三年困难时期"，所以两个孩子幼年发育不足。健民这个时期的账本中，多次出现带两个孩子看病的记录，这些记录贯穿了整个1960年代。

从小体弱多病的炎魁似乎是个文学青年，账本中多有父亲为他支付书款的记录，如1976年6月9日，"炎魁买《人民文学》支洋0.42元"。

1970年代末，炎魁参加工作了。账本记录1979年1月20日，收炎魁1月份生活费洋20元；3月19日，付炎魁买书洋 2.65 元；26 日，收炎魁 3 月厂补粮票 8 斤，收炎魁 3 月工资洋 30 元；6 月 21 日，付炎魁补准考证洋 0.50 元。

1989 年，炎魁准备结婚了，健民自然又是需要付出一大笔费用。

1989 年 8 月 22 日，赠付炎魁妻子置装费 1000 元；9 月 4 日，付炎魁买饭桌支洋 150 元；10 月 3 日，付双俊同志炎魁婚用 550 元；8 日，付双俊同志补订婚筵洋 600 元；11 月 11 日，付双俊同志炎魁婚费洋 500 元。

1989 年 10 月份的账本中，健民记载了一段关于幼子炎魁婚事的话：

> 幼儿炎魁与陈秀峰女士 10 月 8 日结婚，忙乎一段，于此尽到一份父母之责，情略喜平。
>
> 人有非主观可避之弱势，幼儿生于困年（1959 年），婴儿营养不良，躯体发育瘦小，此至婚年，因之成为女辈嫌之，延至岁近而立，尚未定约，多方赞助，迄定婚约，互解经年，终成眷属。祝互相敬爱，久而弥深。

这段话，是健民家庭账本中比较少见的个人情感的抒发表露。短短一段话，显露了健民对子女的舐犊深情以及其所背负的对幼子的一份愧疚，尽管这份愧疚背后有复杂的时代因素，而这些因素是一位父亲无力改变的。唯其如此，那份愧疚才会一直压在父亲的心头，直到幼子立业成家的时候才如释重负。

丧子之痛

健民和妻子双俊曾经有一个儿子叫张友志，1953 年出生，1956 年 9 月 23 日因病夭折。一个小小的生命，短暂地在张家停留了三年的时间，就匆匆离开了。"张友志"这个名字，只留在张家人的记忆之中。

我曾问过健民的小儿子张炎魁先生，他们几个兄弟名字中都有一个"魁"字，为何这个在他出生前就夭折的哥哥，却叫个"友志"？炎魁先生笑着说，"这还真不知道"。

健民的账本中，关于友志的记录不多：

1954 年 12 月 4 日，买友志小绒帽一顶支洋 15000 元；5 日，买友志小胶鞋一双支洋 21200 元。

1955 年 1 月 23 日，买友志帽子一顶支洋 8600 元；6 月 27 日，买访荣、友志小汗背心 2 个支洋 1.16 元；11 月 27 日，买友志、原原用花布 6 尺支洋 2.34 元。

1956 年 6 月 27 日，买友志、原原小草帽 2 顶支洋 1.35 元；9 月 20 日，友志看病支洋 1.20 元；

健民账本中最后一次关于友志的记录，是 1956 年 10 月 23 日："洗死儿友志最后一张照片支洋 0.40 元。"一个小小的生命，在来到这个世界三年后，就这样静悄悄地走了。

1956 年 9 月下旬，张健民和上官双俊夫妇，一定是焦头烂额、五味杂陈。因为他们的两个孩子友志和原原同时生病住院了，更糟糕的是，友志住院仅仅四天后，便不治夭折。

在 9 月 20 日那一天，健民记录了这样一条账目：友志看病支洋 1.20 元。在接下来的三天，账目中密集出现关于友志看病的费用记录：21 日，送友志到妇幼保健院看急性痢疾支洋 0.72 元；坐三轮车到传染病院看友志洋 0.30 元；付石烈珍照护友志住医院洋 5 元，偕双俊同志到医院看友志三轮三次支洋 1.50 元。

直到 23 日，我从账目中突然看到了这样几条令人心碎的记录：去传染病医院看孩子三轮车（二人往来）0.90 元；收石烈珍交回住院零用洋（友志病死）0.75 元；处理死儿友志后事往返三轮费 0.50 元；搬埋友志尸体雇小平车支洋 3 元；24 日，付死儿友志临死医药费 24.09 元（内针灸费 7 毛）；付死儿友志保姆住院伙食费 2.85 元，糖 2.10 斤。

从 20 日带友志看病，到 23 日友志病亡，短短四天时间，健民的家庭遭遇了重大变故。身为人父，我能想象出健民夫妻俩彼时如何悲痛。但令我费解的是，尽管遭遇了丧子之痛，健民还是如往常一般，一笔一笔、有条有理地记录下了这一段时间家庭所有相关费用的收支情况。

甚至在距友志 23 日病亡之后第 3 天的 25 日、第 4 天的 26 日、第 8 天的 30 日，健民还记录了自己关于购买书籍、看电影的账目：25 日，买了《批判斯大林》二集、《什么是唯物主义》2 本，支洋 1.50 元；26 日，买了电影票 2 张（机关大礼堂），支洋 0.20 元；30 日买了《新局长到来之前》影票 2 张，支洋 0.40 元。

说实话，刚开始我看到这些记录时感觉很不可思议，自己的孩子刚刚去世，作为父亲为什么还有心情买书、看电影？难道健民对儿子友志的感情很淡漠吗？我很难下这样的结论，因为从过往众多的日常记录中可以看出，健民对于自己的每一个孩子，都一视同仁地关爱，从不偏心。

我想，看上去健民对于儿子友志的去世没有那么悲伤，或许是出于两方面的原因：

原因之一，健民作为革命战争年代走过来的老革命，经历过血雨腥风的残酷对敌斗争，也经历过出生入死的危急时刻，所以对于生死，有一种超然的态度。其实早在1939 年底，健民的前妻就曾生产下一男婴，但刚过满月便因病无治而夭亡。当时正逢健民遭遇"十二月事变"，他刚刚从县城逃离，为了躲避国民党及阎锡山部队的抓捕，他匆匆回家安顿一下后便立刻逃离。对于这个儿子的夭折，他也只能口头安慰了前妻几句。

原因之二，作为众多子女的父亲，健民不可能一直深陷于一个孩子去世的悲伤中无法自拔，因为还有其他孩子需要他的照护。根据账本中的记录，儿子友志在生病住院时，同时还有两件关于张家孩子的大事：第一件事，健民的另一个小儿子原原也因病住院了。9 月 24 日他记录道：

"仙英随原原住医院带零用洋 3 元。"24 日记录道："看原原，结算友志手续三轮费 0.25 元。"可见健民在结算友志医院手续的同时，还要赶去医院看另一个儿子原原。接下来的 10 月 3 日，健民记录道："原原住医院 11 天伙食费洋 5.80 元，接原原出医院三轮车费洋 0.50 元。"这两条记录也印证了原原这次不是小病，因为住院时间长达 11 天。

第二件事，健民的妻子双俊同志，在友志生病住院并因病夭折期间怀有 9 个月身孕，并于 10 月底产下了张家的第 8 个孩子：张殿魁。在 10 月 31 日的账本记录中，健民记录："双俊生殿魁接产、住院、伙食等费洋 15.60 元。"

这就是过去那个年代多子女家庭看上去略显残酷的现实：父母没有那么多精力去细心关注每一个孩子的所有成长过程，只能在吃饭、穿衣、上学等基本生存需求方面尽量满足孩子们，其他的只能靠年纪较大的孩子照顾弟弟妹妹，或者就让孩子们独自成长。

健民于 1975 年 7 月 10 日在山西医科大学附属第一医院住院期间，给妻子和孩子们写的信中，曾对多子女家庭的教育不足进行了反思，"不仅给社会造成巨大压力，而且做父母的对他们的生活关照、思想教养方面，都很难做得细致周到"。

在科技、医疗、卫生条件远远不及今天的 1950 年代、1960 年代，人们只能以生育子女的数量优势来对冲当时幼儿夭折率过高的养育风险。这或许是如今独生子女家庭所无法理解的多子女家庭关系，残酷却现实。

据世界银行公布的统计数字，中国五岁以下儿童（每千例活产婴儿）的死亡率，在 1969 年时高达 119‰，而这还是 1960 年代后期的统计数字，在新中国刚成立 7 年后的 1956 年，这个数字恐怕会更高。所以，幼子因病夭折这件事，对一个中国家庭的打击程度，1956 年与 2023 年绝不能相提并论。不过，新中国成立 72 年后，2021 年，五岁以下儿童（每千例活产婴儿）的死亡率已经下降到的 7‰，[①] 可谓进步巨大。

从记账本那些冷冰冰的数字中，我从另一个角度体味到了健民内心的悲伤。在这短短 11 天的时间里，健民的购烟记录就多达 5 次，共计购买了 10 盒。香烟也许是此刻可以缓解健民内心悲伤的唯一良方。无论如何，生活还要继续，这或许是健民历经旧社会的苦难和战争的残酷后，总结出的人生哲理。

对多子女的反思

对于自己一生养育 9 个子女，健民先生晚年在回忆录里有过反思与检讨：

[①] 世界银行：《中国五岁以下儿童（每千例活产儿）的死亡率，1969—2021 年》，https://data.worldbank.org.cn/indicator/SH.DYN.MORT?view=chart&locations=CN，访问时间：2023 年 5 月 25 日。

回顾以往，我由于理论思想认识上的马虎，又受到苏联在二次世界大战中人口死亡惨重，战后因劳动力缺乏难以恢复生产的状况，都有形无形地在生育子女问题上，采取了放任自流主义，生有6男3女9个子女，不仅给社会造成巨大压力，而且做父母的对他们的生活关照、思想教养方面，都很难做得细致周到。①

其实健民对于节制生育这件事情的认识，几乎代表着当时中国大多数老百姓的思想。甚至在新中国成立初期的一段时间里，上至国家领导人，下到普通老百姓，对于新中国的人口问题的态度和看法，都经历过一个漫长且不断变化的过程。

对于控制家庭人口的增长问题，健民也曾认真考虑过具体的应对措施，这些措施也都出现在了他的家庭账本当中。1955年8月6日，健民购买了《避孕常识》小册子一本，花费0.16元；1956年2月19日，也有健民购买避孕药的记录。但这些努力显然没有起作用，因为张家第7个孩子殿魁，8个月后出生了。

1957年5月19日，健民买了一本《避孕指南》，花费0.36元；6月30日还购买了避孕胶一瓶；10月23日，又

---

① 张健民：《对家属的留言》，《峥嵘岁月——张健民同志专辑》，第226页。

花费 0.20 元购买了孕期周期图一份。但这些努力依旧没有起到什么作用，他最小的女儿薇荣，在 1958 年 4 月出生，而最小的儿子炎魁也于一年后的 1959 年出生。

直至 1960 年 1 月 23 日，账本中开始出现了"购买避孕套 4 个支洋 0.20 元"的记录后，健民先生控制家庭出生人口的努力才终于见效。

1950~1960 年代，我国人口政策经历了放任自流盲目生育、提倡节制生育、实施节制生育三个阶段。[1] 中华人民共和国成立初期，政府对于人口政策并没有十分明确的思路和规定，根据中共中央文献研究室副编审李琦的文章，大概有以下几方面原因导致 1950 年代中国领导人倾向于鼓励生育。第一，中国共产党认为，人口资源是第一生产力；第二，新中国需要大量人口进行农业生产和城市建设；第三，中国共产党带领 4 亿多人解决了吃饭问题，所以不存在人口问题；第四，苏联当时鼓励生育，而中国采取"一边倒"政策；第五，1950 年代，世界各国都在经历一个战争之后的"生育补偿期"。[2]

因此，当时官方秉持的人口政策理念是虽不公开鼓励，但通过一系列政策在事实上鼓励生育。比如 1949 年卫生部颁布《机关部队妇女干部打胎限制的办法》，规定"除

---

[1] 朱秋莲：《建国以来党的人口生育政策变迁研究》，博士学位论文，湖南师范大学中共党史专业，2013 年，第 89 页。

[2] 李琦：《二十世纪五十年代中共领导人的人口控制思想探析》，https://www.dswxyjy.org.cn/n1/2019/0709/c427758-31222710.html，访问时间：2023 年 5 月 25 日。

非有医学认定的必要情形，禁止打胎。打胎者必须有医生证明或经机关首长批准，否则对其本人及执行打胎者予以处分"。1952年卫生部制定《限制节育及人工流产暂行办法》，规定施行人工流产和绝育手术须有医学认定的必要情形，或者"已婚妇女年逾35岁，有亲生子女6人以上，其中至少有一个年逾10岁，如果再生将严重影响其健康以至为害其生命者"。同时，严厉限制出售避孕药具，规定购买节育用具者必须持有医师证明交由药房按照限量出售，凡违反规定者均要予以处分。[1]

但转折很快到来，1954年11月1日，新中国第一次全国人口普查结果公布：截至1953年6月30日24时，全国人口总数为601938035人[2]，这个数字大大超过了原先的预估。可以说，第一次全国人口普查是新中国成立后中共领导人产生人口控制思想的起点，并由此导致新中国推广节育运动的真正开始。从1955年起，中共领导人开始在各种场合发表关于节制生育的讲话，1956年、1957年更为频繁。这也从侧面解释了时时密切关注党中央政策走向的健民为何在1956年、1957年接连购买避孕书籍和药品，采取节育努力。

随着人口激增给国民经济发展造成的问题严重性日益显现，周恩来、刘少奇等国家经济发展决策者和管理者身

---

① 参见彭珮云主编《中国计划生育全书》，中国人口出版社，1997，第8~89页。

② 王一夫主编《新中国统计史稿》，中国统计出版社，1986，第97页。

上的压力越来越重，因此对控制人口的态度越来越坚决，要求的力度越来越大。如周恩来愈加感到"避孕要大力宣传"。①他不仅反对攻击马寅初、邵力子具有马尔萨斯思想，还认为"马尔萨斯在分析人口规律上有他一定的客观性"，只是"他主观主义作出的结论为帝国主义所用，则成为反动的理论"。②刘少奇说："避孕问题，我们要无所顾忌地搞。"邓小平说："我们要想尽一切办法实行节育。""节育宣传工作要像爱国卫生运动那样做到家喻户晓，深入人心。"③陈云甚至提出"可以号召共产党员不生第三个孩子"。④

从当时国家领导人对人口问题的态度来看，"提倡控制人口"是当时相关政策制定的主要参考依据。作为一名老党员，健民具有极高的政治觉悟和政治敏锐性，懂得紧密追随党和国家的大政方针，这也是他在1956年、1957年这两年不断采取节育措施的最重要原因和社会背景。但限于当时的避孕手段和避孕措施确实有限，缺乏可靠、简便、易于接受的避孕技术和用具。所以健民的节育努力，并没有收到显著成效。

毛泽东对中国人口问题的看法要复杂一些。第一次全国人口普查结果出来后，一开始他并没有像其他领导人一

---

① 中共中央文献研究室编《周恩来年谱（1949—1976）》上卷，中央文献出版社，1997，第568页。
②《周恩来年谱（1949—1976）》上卷，第630页。
③ 杨魁孚等编写《中国人口与计划生育大事要览》，中国人口出版社，2001，第13页。
④ 金冲及、陈群主编，曹应旺副主编，中共中央文献研究室编《陈云传》（3），中央文献出版社，2015，第1112页。

样很快就发表看法。到 1957 年 2 月的最高国务会议第十一次（扩大）会议上，毛泽东专门谈到了人口问题："我国人口增加很快，对于这个重要问题，似乎可以研究有计划地生育的办法。"这是他第一次提出计划生育的概念。毛泽东的表态直接推动了马寅初《新人口论》的发表。①

从保障母婴健康、提高人口素质和人民生活质量的角度，毛泽东是赞成有计划的生育的，而对于当时中国是否必须立即大力控制人口数量，更多的时候，毛泽东倾向认为人口问题还没那么严重，控制人口的事还不那么要紧。②

人口增长过多过快，积累赶不上消费，必然造成资源紧张，周恩来、刘少奇、陈云等对这一点有更真切的认识。1957 年的计划生育宣传本来势头很好，但这年也是整风反右的一年，人口工作也无法避免受到影响。从 1958 年 4 月陈伯达等组织文章大批马寅初开始，风向就变了。最初马寅初还奋起反击，报刊上也仍然不断出现支持他的文章，但力量逐渐减弱。后来随着客观形势的发展，包括随之而来三年困难时期导致的国民经济困境和大量人口非正常死亡，也使计划生育工作难以为继。到了 1960 年，《人民日

① 李琦：《二十世纪五十年代中共领导人的人口控制思想探析》，https://www.dswxyjy.org.cn/n1/2019/0709/c427758-31222710.html，访问时间 2023 年 5 月 25 日。

② 李琦：《二十世纪五十年代中共领导人的人口控制思想探析》，https://www.dswxyjy.org.cn/n1/2019/0709/c427758-31222710.html，访问时间：2023 年 5 月 25 日。

报》上宣传节育的文章已经消失无踪。①

随着三年困难时期的结束，中国老百姓的生育行为重新开始"报复性反弹"，形成了自然灾害后的"生育补偿高峰"，中国人口开始暴增，此时毛泽东等党的领导人才终于下定决心，开始实施计划生育。

以上就是新中国成立以来，中央领导人对于人口问题态度的变化过程和社会背景。健民不可能对新中国的人口问题有那么深刻、全面的认识，孩子一个接一个地出生，似乎是一种自然而然的事情。但孩子众多带给张家实实在在的影响，主要是经济方面和教育方面的。

尤其是在 1960 年代，健民这个家庭应该是最困难的时候。那时候正逢三年困难时期，而家中 9 个孩子里，除了已经 23 岁的大姐张志琳可以承担家庭的重担，来替父母照顾弟弟妹妹们外，16 岁的大弟整魁和 13 岁的二弟阳生都在上学，而她的二妹访荣才 9 岁，三弟书魁此时 10 岁，四弟原魁 6 岁，五弟殿魁 4 岁，三妹薇荣 2 岁，六弟炎魁更是还不满周岁。可以想象，1960 年的张家，上幼儿园的、上小学的、中学的都有，家里一定非常热闹，而在这热闹的景象里，又埋藏着健民夫妻俩多少的忧愁！

在孩子的成长过程中，多子女家庭与独生子女家庭，

---

① 李琦:《二十世纪五十年代中共领导人的人口控制思想探析》，https://www.dswxyjy.org.cn/n1/2019/0709/c427758-31222710.html，访问时间：2023 年 5 月 25 日。

有很大的不同。多子女家庭的结构，就像是一个正立的金字塔，最上面的塔尖部分是父母二人，而最下面的塔基部分，则是众多子女。这种家庭的结构比较稳固，虽然从家庭经济状况的角度来讲，多子女往往会对父母造成较大的压力，经济上捉襟见肘、精力上疲惫不堪。但从教育的角度来讲，在多子女家庭中，父母对待每一个子女的态度会尽量公正、平衡，父母的爱心会较为平均地分布在每一个孩子身上。而每一个孩子，也不会天经地义地认为家庭的全部资源统统属于自己，这对培养孩子与他人的合作、共享意识，是有莫大好处的。而当父母年老生病需要照护时，多子女家庭往往也有较大优势（这里不包括教育失败的不孝子女），能够平均分担照护父母的责任和义务。

但现代独生子女家庭则正好相反，它是一个4:2:1倒金字塔形状。位于金字塔最上方的，是一个孩子的爷爷、奶奶和姥姥、姥爷共4口人，中间是父母二人，而位于金字塔最下边的是形单影只的独生子女。这样的家庭，首先是结构不稳固，长辈的希望、情感、精力、资源，都倾注在家庭中唯一的孩子身上。过度教育、过度呵护等问题便也随之产生。而独生子女家庭最大的隐患，就是当父母年老生病需要子女照护时，子女往往捉襟见肘、力有不逮。毕竟，如果夫妻二人都是独生子女，便存在既要照顾各自的父母共四个老人，还要养育一到两个孩子的现实窘境。生活和经济压力可想而知。

两种家庭模式也造成了不同的亲子关系和时代性格。在 1950 年代婴儿潮中出生的健民子女那一代人，虽然因为家庭子女众多而缺乏父母细致、耐心的照顾，但却多了独立、自重的性格底色。尤其是家中长子、长女大多要代替父母承担起照顾幼小弟妹的职责，与独生子女家庭相比多了责任感和合作意识。1950 年代、1960 年代，是一个革命集体主义观念盛行的年代，那个年代出生的人，性格中也会浸染上集体主义的底色。健民家的儿女们，在他们从幼年到成年的道路上，无论是上大学、支援边疆，还是入伍当兵、上山下乡，都时刻被聚拢在集体主义的怀抱当中，使得他（她）们从小便习惯于一种时刻关注他人并时刻被他人关注的生活状态。这种状态也塑造了他（她）们在学校、单位参与社会交往时善于合作的性格特质。

人们的观念会随着历史的演进而发生变化，而社会也会随着人们观念的变化而产生新的结构。根据国家统计局2023 年 1 月 17 日发布的数据显示，2022 年全年出生人口956 万人，人口出生率为 6.77‰；死亡人口 1041 万人，人口死亡率为 7.37‰；人口自然增长率为 –0.60‰。[①] 这个数字意味着，中国人口自 1962 年以来首次出现负增长。这说明，调整人口数量的力量，除了战争、瘟疫、灾害等外在因素，还包括人的观念这样的内在因素。

---

① 国家统计局：《中华人民共和国 2022 年国民经济和社会发展统计公报》，2023 年，http://www.stats.gov.cn/sj/zxfb/202302/t20230228_1919011.html，访问时间：2023 年 5 月 25 日。

一家人的娱乐

健民曾经在回忆文章中坦承自己业余生活寡淡无味，除了抽烟和看书，他确实没有什么兴趣爱好。新中国成立初期，健民的文化消费除了购买各类书籍外，就是看戏看电影了。他的账本里清晰地记录了同家人、亲戚、朋友一同看戏、看电影的账目，这也可以算作健民度过休闲时光、亲子时光的特殊方式。

山西是名副其实的戏剧之乡。除了蒲剧、晋剧、上党梆子、北路梆子四大剧种外，还有许多本土的小剧种及外来的剧种，直到现在仍然有38个剧种，总数位列全国第一。剧团多，戏剧从业人员就多。1949年4月太原解放后，晋绥、太行、太岳等革命根据地的一大批新文艺工作者陆续进入太原，并很快与获得解放的旧戏剧艺人一起，组成了新的演出团体，太原的演出市场一度呈现繁荣景象。

尤其是作为山西地方代表剧种的晋剧艺术，得到了前所未有的发展和提高，省、市属晋剧团曾数次赴京参加全国戏曲观摩会并获奖。丁果仙、郭凤英等艺术家演出的晋剧《打金枝》被拍成戏剧电影在全国放映。话剧、歌剧、杂技等民间艺术表演，锣鼓、背棍、铁棍、踩高跷、扭秧歌等社火节目，色彩纷呈、争奇斗艳，受到了广大人民群众的喜爱。

太原解放以后，市内可供大型演出的戏园剧场和厂矿俱乐部有近 50 处，星罗棋布，蔚为大观。其中著名的有迎泽大街的光明戏园、湖滨会堂、南文化宫；并州路有并州剧院、红旗剧场；建设路的东安剧院、军人俱乐部；柳巷周围有和平剧院、长风剧场、山西大剧院、大中市剧院、大水巷剧院等。

新中国成立初期至"文化大革命"前，太原市的戏剧演出空前活跃。比如 1952 年 7 月到 12 月在短短 5 个月的时间内，账本记录显示健民及家人看戏、看电影等娱乐活动次数较为频繁，共有 10 次之多：7 月 12 日，整魁吃药，三人看戏，买果子 1 斤共洋 11300 元；7 月 23 日，带小孩们看戏用洋 7500 元；10 月 8 日，洗澡、看戏共支洋 8000 元；10 月 11 日，看戏（三人）喝开水支洋 8000 元；12 月 5 日，看戏支洋 2550 元；12 月 8 日，看戏用洋 5000 元；12 月 14 日，买古铜色线呢 0.6 尺，看戏（三人）支洋 11000 元；12 月 20 日，看戏、买苹果支洋 2000 元，又恒大烟一盒洋 2670 元；12 月 24 日，看戏、买水果糖一包共支洋 3500 元；27 日，看戏、整魁喝茶支洋 1500 元。

1955 年 7 月 10 日，看电影、吃冰糕、糖等支洋 0.46 元；24 日，看电影、吃冰糕、西瓜共支洋 0.33 元；10 月 23 日，看电影《斩断魔爪》支洋 0.20 元。

1956 年 2 月 2 日，保定看谭富英京剧一次洋 1.60 元；9 月 30 日，买《新局长到来之前》影票 2 张，支洋 0.40 元；10 月 13 日，买《一江春水向东流》电影票（上下集）支洋 0.40 元；20 日，买话剧《雷雨》票一张，支洋 0.40 元；25 日，买话剧《家》票一张，支洋 0.40 元；11 月 12 日，买机关礼堂晚会戏票一张，支洋 0.20 元；12 月 7 日，买机关礼堂明晚戏票 8 张，用洋 1.20 元。

1957 年 6 月 4 日，看尚小云京戏票洋 1.20 元；9 月 1 日，买电影票 3 张，支洋 0.60 元；17 日，买戏票一张，支洋 0.60 元；19 日，买戏票 4 张、电影票 2 张共支洋 2 元；26 日，买戏票 3 张，支洋 1.60 元；10 月 9 日，买荀慧生戏票 2 张、水果糖 2 包，支洋 2.40 元；12 日，买明日电影 6 张，支洋 1.20 元；21 日，买省府礼堂戏票 2 张，支洋 0.60 元；买荣宝斋水印画展厅票 2 张支洋 0.04 元；11 月 10 日，买苏联电影用票 4 张，并说明书，支洋 1.05 元。

从账本中可以看出，每次看戏，健民总会带上他的孩子。小孩子们应该特别高兴，因为看戏时，父亲总会给他们买些苹果、糖块、醪糟、茶点等零食、饮品，有时候还会一起先吃饭、洗澡，再去看戏，看戏成了综合的娱乐休闲活动。

除了带小孩们看戏，健民有时也会借看戏招待朋友，比如 1953 年 11 月 21 日他在账本中记载："买戏票四个，招待诗元同志零点理发共支洋 30000 元。"看戏成为健民人际交往的一种手段。当时，戏院里外都很热闹，剧院外有许多卖小吃的摊位，剧场里有时也提供开水与擦脸毛巾的服务。

健民关于看戏的记录一般很简略，只记录时间与花费，具体的演出地点和戏曲名称却很少记。除非是演出他的家乡戏，他才会详细记一笔。比如 1953 年 1 月 24 日他记载"看上党地方剧比赛出演支洋 2000 元"。健民的家乡剧种是上党梆子，小时候他受环境熏陶，还会哼唱两句。

1956 年 7 月 28 日，账本记录"看阳城木偶，八人支洋 0.95 元"。这是健民家乡来的木偶剧团。他带着 8 个人去观看，花去九角五分钱。这条记录说明当时阳城县还有木偶剧团。

根据和健民同属晋东南的山西作家赵树理作品改编的戏来太原演出，健民也会把观看记录认认真真地写下来：1962 年 5 月 17 日，"买《三关排宴》戏票 1 张、锅刷 2 把，洋 1 元"。这是他唯一记载下所看戏曲的剧目。《三关排宴》是赵树理改编的一出杨家戏，至今仍然是上党梆子的保留剧目。健民从家乡来到省城太原工作，家乡戏便成了他慰藉乡愁的载体。

健民资助家乡的剧团更是不遗余力。1963 年的账目里有这样一条记录："10 月 12 日，收回阳城剧团凌书宝借洋100 元。"当年，家乡阳城县的剧团来太原演出，遇到经济困难，找到健民救急，他毫不犹豫就垫付了剧团运营经费100 元，以便剧团能够顺利进行演出。100 元在当时不是小数，当年他一个月的工资算较高的了，也不过 166 元左右。但健民家乡观念很重，毕竟他是从阳城走出来的干部，受过阳城人民小米的滋养，新中国成立初期还曾当过阳城县委书记。家乡的剧团有困难，他不能不伸出援手。

1950 年代到 1960 年代，山西各个剧种的名家在太原各大剧场均有登台演出，比如蒲剧的王秀兰、阎逢春、张庆奎、杨虎山，晋剧的丁果仙、牛桂英、程玉英、狮子黑，上党梆子的吴婉芝、郝聘之等，名角荟萃，演出甚为活跃。此外，还有来自全国的戏剧名家来太原演出，张健民的生活账就记录了他们来太原演出的时间与票价。比如：1957 年 6 月 4 日，看尚小云京戏票用洋 1.20 元；10 月 9 日，买荀慧生戏票 2 张、水果糖 2 包，支洋 2.40 元。1958 年 5 月 18 日，买梅兰芳戏票 1 张，支洋 2.20 元。

京剧艺术大师梅兰芳 1958 年 5 月 12 日应邀前来太原演出，在太原各个剧院及厂矿演出一月有余。随来的还有京剧名演员姜妙香、梅葆玖、刘连荣等，全团 110 余人。梅兰芳先生主演《贵妃醉酒》中的杨贵妃、《奇双会》中的李桂枝、《霸王别姬》中的虞姬、《凤还巢》中的程雪娥、《宇宙锋》中的赵女、《游园惊梦》中的杜丽娘，受到观众的热烈欢迎，场场一票难求。在演出期间，尚小云和荀慧生还在太原收徒传艺，促进了山西戏曲艺术的发展与繁荣。

除了看外地来的传统戏曲外，健民账本中还有他观看中央歌剧团的歌剧、中央乐团的音乐会，北京军区歌舞团的歌舞，甚至国外的演出团比如阿尔巴尼亚歌舞团歌舞演出的记录。

当年来太原演出的剧团演出形式多样，不仅有日常的商业演出，还有政府比赛会演，也有政府机关包场的戏曲演出。剧团营销方式也有很多，比如，1956 年 8 月 26 日，健民就买了母子场戏票 6 张，一共花去 1.80 元。让双俊同志带上 5 个孩子一起去看了场戏。他的孩子们今天若是看到这些账本，肯定能够回忆起来那一天是多么幸福、多么温馨。

当时无论哪个剧团来演出，都会售卖介绍演出剧目的说明书，张健民生活账里也有买说明书的记录：

1955 年 4 月 18 日，买剧目说明一份，支洋 0.01 元；8 月 12 日，补支看蒙古歌舞说明券 0.05 元。1956 年 5 月 20 日，买戏剧介绍，支洋 0.02 元；10 月 13 日，付看戏小食、说明书，支洋 0.26 元。

1962 年 8 月 31 日，买中央歌剧票 2 张，支洋 2.40 元，买歌剧说明书 2 份，用洋 0.04 元。

1965 年 7 月 19 日，买京剧现代戏说明书 3 页，用洋 0.09 元。

健民对这些说明书非常感兴趣，买回去还要继续回味当天观赏过的剧目，可能还会进行一番研究。这些演出说明书中，详细记录着演出剧目的演职人员名单、故事梗概、演出地点、时间等重要信息。它们作为当时戏曲演出的一种附属文化产品，需要观众另外花钱来购买。能够留存到今天的，已然成为一种珍贵的戏曲文献史料，这样独特的纸质收藏品，同样见证了一个城市戏剧演出的真实状况。

除了观看传统戏曲外，健民也会带着自己的孩子们一起看话剧。每次看话剧时，他都会在家庭账本中清楚地写上所看剧目的名字。健民和孩子们一起看过的话剧有《曙光照耀着莫斯科》《冷战》《春风吹到诺敏河》《雷雨》《家》《二七风暴》《蔡文姬》《年青的一代》等。

这些剧目既有展现国际国内时政的，也有展现革命事件及古代人物的，还有改编自名家名著的，反映了当时话剧演出的生态。其中《春风吹到诺敏河》由山西人民话剧团演出，编剧安波、导演陈萍，故事讲的是一个农业生产合作社的成长过程。另外一场在当年轰动一时的戏剧，是郭沫若先生于1959年创作的五幕话剧《蔡文姬》，描写了东汉末年、三国时期的才女蔡文姬的坎坷际遇。该剧导演是焦菊隐先生，经过北京人艺排练后于1959年首演，一经演出，便成为当时戏剧界最红的一部话剧。

"文化大革命"时期，健民生活账里看戏的记录少得可怜：1966年6月5日，补昨原魁、殿魁、薇荣看戏洋0.45元。1967年无看戏记录。1968年3月30日，买《近代京戏样板》等书6本，用洋1.59元。1969年、1970年、1971年无看戏记录。1972年12月21日，买舞剧票，支洋0.60元。1973年9月24日，买大中剧院戏票5张，支洋2元。1974年、1975年无看戏记录。10年间，健民总共有三次看戏的记录，1966年一次，1972年一次，1973年一次。其中缘由大概有几点：一方面，孩子们都渐渐长大了，上大学、参军等，奔赴各地；另一方面，十年"文化大革命"，国家处在非正常状态，传统戏禁止上演，只有样板戏可以演出。

1970~1973 年，健民被下放到临汾地区安泽县工作，于是关于太原生活的记录便少了很多。

1974 年 1 月 9 日，健民看了一部超长时间的影片，他在当天账本中记载："下午看苏修《解放》影片，历 12 个小时。"《解放》是由苏联导演尤里·奥泽洛夫于 1970 年执导的史诗性战争影片。影片共分为《解放 1：炮火弧线》《解放 2：突破》《解放 3：主攻方向》《解放 4：柏林之战》《解放 5：最后一击》五部分，从著名的库尔斯克战役开始，全景式展现了苏联卫国战争的全过程，影片时长惊人地达到了 12 个小时。我不知道健民是如何在影院中度过这漫长的 12 个小时的，但影片结束后，他应该是已经身心俱疲了吧！"苏修"的战争巨片是否让他想起了当年的抗日烽火？

1976 年 6 月 20 日，家乡阳城剧团的三个负责人来看望健民，具体他们谈了些什么，不得而知，想来无外乎剧团的艰难处境。那个时期，剧团都不好过，好多戏剧名家都被打倒，还有的被迫害致死。著名晋剧须生大王丁果仙 1972 年被"四人帮"残酷折磨致死，其他剧种的名家在十年动乱中也要么过早凋零，要么离开舞台，造成了中国戏曲的十年断层。戏曲艺以人传，许多戏曲的精湛艺术，也就随着老艺人的去世而失传了。惦念乡梓，曾大力支持家乡剧团的健民，此时能做的也许只是听来人诉苦、聊表安慰而已。

　　"文化大革命"之后，从 1977 年到 1981 年间，健民家庭账本中看戏的记录也仅有为数不多的几条：1977 年 4 月 2 日，买剧票 2 张，支洋 0.80 元；1979 年 3 月 8 日下午，七一影院看政协送票《梁山伯与祝英台》；1980 年 7 月 9 日，买戏剧说明书，支洋 0.03 元；1981 年 9 月 18 日，买戏票，支洋 0.20 元。

　　1981 年之后，就再也没有健民看戏的账目了。

　　回顾健民一家在新中国成立后近 40 年的娱乐活动，不外乎看戏、看电影、看话剧以及歌舞演出。那时候普通民众的娱乐形式单一，娱乐生活单调。尤其到了特殊十年的时候，全国人民的娱乐生活更是简陋到只能观看几部"样板戏"。

　　与当年相比，如今百姓的娱乐方式与便利性都大大增加，甚至变成了一个"娱乐至死"的年代。从电视、电脑到手机，娱乐设备越来越便捷，人们沉迷于各种电子设备无法自拔，"抖音""今日头条""快手""B 站""微信"等社交媒体在纷纷抢夺着人们的注意力和闲暇时间。手机上可以随意观看电影、电视剧、舞台剧、戏曲等各种艺术形式，人们足不出户就可以通过直播来游览世界美景，欣赏各国艺术作品。但奇怪的是，随着娱乐形式多到让人无所适从、无法选择，人们的幸福感却没有相应地成倍提升。我想，当健民领着家人孩子看戏、看电影的时候，当孩子们争抢着吃小吃的时候，那种快乐一定是真实的、充盈于内心的。

亲戚们

健民及妻子上官双俊膝下共有 9 个子女，除了夫妻双方各自的亲戚外，还有 9 个孩子的婆家、岳父母。健民从农村走到城市，和那个时代的其他老革命一样，对自己的家乡具有很深的感情。而每一个中国农村家庭，若自己的家族中有在城市工作甚至身居高位的亲戚，必定是一件很荣耀的事情。若遇到什么事情，第一个能够求助的，也就是远在城市的亲戚。当然，无论是健民的性格，还是那个时代清廉的风气使然，健民能够向亲戚乡邻提供的帮助，不外乎提供暂时落脚的住处、领着到医院看病、去景区游览、捎买一些城里的工业产品，或者是协调解决一些纠纷等。在健民 40 多年的家庭账本中，自然少不了这样的记录，细细梳理、分析一番，也挺有意思。

在健民账本中出现最为频繁的，就是他的三哥。健民 16 岁丧父丧母，兄嫂遵从父亲遗言，照料幼弟健民的生活，才使他读完县私立初级中学，健民内心自然对兄长们充满感激之情。但由于大哥、二哥于 1938 年在兵匪横行的乱世之中相继惊吓致病亡故，所以唯一在世的三哥就成为健民到太原工作后，最多照顾和联系的亲人。

在健民的家庭账本中，最早出现"三哥"两个字是 1952 年 7 月 13 日，也就是健民开始记账的第 11 天，"存三哥手夏季收麦 2.1 石；收三哥存米 5 斗，芝麻 3 斗"。在接下来的十几年间，三哥便较多地出现在账本之中。

1953 年 2 月 27 日，"收林林带来三哥卖芝麻 7 斗洋 120000 元"。在账本之中，还经常出现健民给三哥写信的记录，内容大多涉及的是老家事务安顿、亲戚往来互助等。

1954 年 1 月到 1959 年 4 月这 5 年多的时间里，健民给三哥写过 18 封信件。除此之外，健民与三哥的来往内容还包括向三哥宣讲最新政策（1954 年 5 月 9 日，送三哥《农业社》书四本，支洋 115900 元）等。

此后，账本中有一年半时间没有关于三哥的记载。

1961 年 1 月，三哥再次出现在健民的账本中，13 日，"付三哥回家路费洋 10 元，买三轮车票（送三哥）支洋 0.30 元"。大概这次是三哥来太原看弟弟了，考虑到当时正处于困难时期，三哥此来或许别有隐情。4 月 2 日，"寄三哥、马龙（同事）信，邮资洋 0.20 元"；8 月 6 日，"收三哥寄来家乡退赔房租，洋 50 元"；11 月 19 日，"付三哥带干萝卜 200 斤，支洋 5 元"。

健民在 1961 年底回了一趟老家，那时候正是粮食供应最为困难的时期，所以健民委托三哥购买了许多食物。11 月 25 日，"买寺头公社蜂蜜 2.6 斤，白糖 2 斤，鸡蛋 20 个共支洋 6.40 元（三哥代转），收三哥代交退赔洋 65 元，买胶皮支洋 10 元（三哥手）"。

从 1967 年 4 月开始，健民的三哥似乎是生病了，所以账本中密集地出现了关于三哥来太原看病的记录。

1967 年 4 月 8 日，"付三哥透视胃部洋 3 元"；20 日，"收三哥交来洋 35 元，偕三哥到山医三院车费支洋 0.72 元"；24 日，"付三哥住医院预交洋 50 元，付三哥住医院伙食费洋 10 元，粮 20 斤"。

5 月 6 日 "付书魁陪侍三哥饭费洋 5 元，粮 8 两"；14 日，"付二姐、访荣看三哥坐车费 0.48 元"；16 日，"付随魁三哥交存洋 35 元"；24 日，"付三哥取随魁存洋 10 元，粮 8 斤，付三哥买白糖洋 1 元"。

6 月 1 日，"付三哥取随魁存洋 20 元，粮 11 斤"；21 日，"付三哥出院取存洋 65 元，付三哥借用出院洋 30 元"；24 日，"付三哥、原魁游晋祠车零费洋 2 元"；26 日，"付三哥带殿魁回阳城车旅费 25 元，买面包 10 斤，水果一斤（三哥带回）支洋 3.05 元，粮票 2 斤"。

从 4 月 1 日到 6 月 26 日，三哥这一趟为期近三个月的太原看病之旅结束，从健民账本中密集的记录（我只摘录了小部分）可以看出，他对三哥看病这件事的重视程度之高和参与程度之深，也充分印证了他对三哥的感情。

此后，账本中曾再度出现三哥看病的信息，以及健民对三哥的贴补：1968 年 7 月 31 日，"买三哥用（药）洋 1.30 元"；24 日，"付三哥买药等，用洋 3.30 元，买三哥中药一付，用洋 0.93 元"；31 日，"付三哥洋 15 元，粮票 13 斤"。

1968 年之后，健民的账本中再也没有出现关于三哥的记录。三哥那年从太原看病回老家后不久便去世了。

健民与妻子娘家人之间来往较为频繁，他妻子的父亲及兄弟们与他在经济上互有相助。

1956年11月底，健民的岳父从老家柴圪塔来太原，一来应该是看望刚生完孩子的女儿，二来是给自己看看病，顺便把同村教员的一块手表捎过来，托女婿帮忙在太原修一下。健民对自己的岳父很尊重，也努力尽好女婿这个角色应尽的义务。在家庭账本中，有多次他汇钱给岳父的记录，而这一次岳父来太原，他也多次记录了其中的过程。

11月30日，健民带岳父去医院看病；12月2号带岳父去逛了人民公园，还花1.68元给老人家买了一顶缎料瓜皮小帽；5号帮柴圪塔教员修了手表；7号带岳父洗了个澡，搓了个背，还泡了一壶茶，共花费1.27元；8号全家一同去机关礼堂看了场戏，票钱总共1.20元；15日，带岳父去参观了治黄展览；19日，岳父要回家了，健民替老人家买好了返程的车票，以及糕点，共花费了7.70元，临走时还给岳父拿了15元钱。

1962年12月23日账本记录，"付上官广华（大舅子）、有仓（四舅子）路费洋20元"，这次是健民负担两位妻兄弟来往太原的路费，而在1961年时，健民也曾收到过岳父及广华、有仓两位妻兄弟的赠款。

1973年2月17日到21日，健民老家的两个侄儿连魁、随魁来太原看望叔叔。他在20日记录道："付随魁侄儿渡灾洋50元，付连魁侄儿略助洋20元，买二侄返家车票洋19.20元；付连魁、随魁旅途零用洋2元。"这一次两个侄儿来求助，是因为老家阳城县在1972年9月遭了特大洪灾。健民在1972年10月1日曾记录道："晚凌尚富夫妇来看，告四姐丈被山洪冲死。"为此，健民还专门在第二天就写信安慰四姐。

健民的老家阳城是一个容易遭洪灾的地方，账本中他多次提到了家乡遭洪灾的事情。此次对两个侄儿进行经济上的帮扶，也是他作为长辈，为家乡亲属的一点力所能及的帮助吧。

在自己所有晚辈亲戚中，健民与侄儿旭东的感情最为深厚，他的家庭账本中出现"旭东"这个名字的频率也特别高。叔侄俩经常互相通信。旭东是健民大哥的儿子，说是叔侄，其实健民只比这个侄儿大一岁，两人更像是无话不说的兄弟。早在1940年"十二月事变"时，健民躲避国民党和阎锡山军队的抓捕，就是侄儿旭东外出替他打听八路军大部队的下落。据张炎魁先生回忆，堂哥旭东一直在河南省工作，经济条件相对不错，经常给父亲健民寄钱、寄烟（但账本中没有相关记录）。三年困难时期的1961年，旭东还两次向叔叔健民伸出援手，共寄300元（这两次在账本中记录了）。但令人遗憾的是，后来因为健民捐赠老家房产的事情，引得侄儿旭东产生了很大的怨言，甚至到了不与叔叔同桌吃饭、一同乘车的地步，一直过了很久两个人的关系都没有好转，想来也是令人唏嘘。

除了三哥、四姐、侄子，健民对其他亲戚，如二姐、亲家母、外甥等也关心有加。他与这些人的信件、电报、钱物往来频繁地被记录在账本中，形成一张绵密的人情之网。在物资匮乏的年代，亲戚之间的体恤、扶助和关切，大约是包括健民在内的普通中国人度过人生一道道沟坎所必需的助力。健民在太原的家，俨然亲戚们的一个联络站，他们进城办事、看病都要落脚于此，他们各自的人生大事也通过信件、电报向这里汇集，而健民则一一回应来自各位亲友的讯息。纸短情长，我们从中可以看到一种严谨的，甚至一丝不苟的人情味。在革命伦理之外，乡情、亲情在健民心中占有很大的分量。

邻里之间

健民一家在山西省委九宿舍一个老式二进院居住了20多年，地址在太原府东街89号。这是一座明朝时期修建的老式小院，当地人称之为"玉堂春"，据说当年苏三由洪洞县监狱解押到太原，就居住在这里。

在20多年与邻居相处的漫长过程中，健民在邻居们中留下了非常好的口碑和回忆。健民与老邻居们相处，有自己的原则和方式。结合邻居回忆和健民本人的记录，我总结有如下三点：

第一，健民有良好的公共意识。中国自古有"各人自扫门前雪，休管他人瓦上霜"的谚语，对普通民众的道德要求更多侧重于"独善其身",告诫人们不要为他人强出头,否则就会"枪打出头鸟"。但健民的性格基因中,显然没有过多地受到这些"人生智慧"的影响。自小的成长经历,以及抗战革命时期的战火历练,养成了健民的做人标准,那就是"眼里揉不得沙子",看见不正常的事情就要出手管。

健民具有公共意识的例证,就是他对自己居住的这个小杂院公共环境卫生具有很强的责任心。这个小院历经岁月洗礼,早已墙柱歪斜,破烂不堪,基本的公共设施也十分简陋。十几户人家共用一个自来水管,在院门外打水、洗衣、洗菜。而有些人不注意,时常把杂物丢弃在内,堵塞了下水池口,搞得污水横流、气味难闻。一年四季,无论是盛夏烈日,还是数九严寒,只要健民看到这样的情况,他总要亲自下手去把堵塞的污物、菜叶等杂七杂八的东西掏出来,把杂物倒到垃圾堆上,并把下水池冲洗得干干净净。

在那个年代的小杂院中,厕所自然也是公共的,时间一久,厕所卫生的维持就免不了出现"三个和尚没水吃"的尴尬局面。不论什么时候,只要健民看到公厕不干净,他总要拿上扫帚、簸箕把公厕内外打扫干净。从1950年代他一家搬到这个大院,到1980年搬走之前,20多年如一日,他一直是这样做的。

有位邻居老大娘多年以后逢人就说,在这个大院里,只有张秘书长官大,人家这么大的领导干部,一点架子没有，经常为大伙掏下水池、打扫厕所、打扫院子，真是个好人。

1977年10月30日的账本中，健民还记录下一段有意思的文字："拆迁鸡舍，埋菜窖，刨柳树，为邻人让地基。"健民大兴土木地把自己多年辛苦创建的鸡窝、菜窖、柳树拆的拆、埋的埋、刨的刨，就是为了给邻居让出地基。从短短的两句话中，我感觉到了健民不与民争、遇事讲理的性格特点。

第二，健民对邻居总不吝啬释放最大的善意。健民的邻居中，有许多是他的同事，而"文化大革命"期间，还会有受到冲击批斗的老干部家属子女，被打发到这个大杂院之中居住。在那个人人自危的年代，每个人但求自保，很难或根本不敢在他人遭难时伸出援手或表达同情，唯恐自己也被牵连遭殃。但很多人的回忆文章都表达了对健民的由衷感谢。因为在自己人生的至暗时刻，他（她）们从健民身上，感受到了善良温暖的人性之光。

健民在革命抗战时期的老战友、山西省原妇联副主席高首先回忆：

我家中上有80多岁因"文化大革命"抄家受惊吓，精神错乱了的婆母，下有3岁幼女，老伴挨批斗病卧在床，我又被"专政"，实在无法脱身，购物太困难了。健民同志经常让双俊主动帮我买这买那，并叫孩子晚上送到我家，毫无推脱、怕连累、为难之意。每每想起这一幕幕往事，我对健民同志的崇敬之情就油然而生。他是多么好的同志，多么难得的战友啊！[1]

时任山西省委第一书记的卫恒在"文化大革命"初期被迫害致死，其妻子张坤秀也深陷囹圄，后被下放晋东南。他们的两个孩子五保、六保无人照顾，被撵到了健民家居住的小院里一处四面透风的破房子居住，生活陷入极度困难。健民把自家的火炉、火钩、煤铲等生活用品借给孩子们用，并教会他们生炉子。当两个孩子居住的房子半夜起火时，又是健民首先提水救火，并呼喊邻居一同扑灭了火。张坤秀后来一提起健民就充满了感激之情。健民在世时，他们每年都要去家中拜年问候，不忘特定历史时期健民那无私的帮助。[2]

第三，健民对待金钱态度淡然，经常借钱帮助邻居或熟人。或许是自己在幼年时求学遭遇经济困境，曾得到过同学家长的经济帮助缘故，健民一生乐于帮助他人，尤其是对于同事、朋友、邻居遇到经济方面的困难而开口借钱时，数额无论大小，他总是在力所能及的情况下尽量帮助对方。在张健民 41 年的生活账本中，无论是 1950 年代、

---

[1] 高首先：《并肩战斗结友谊 患难相助见真情》，《峥嵘岁月——张健民同志专辑》，第 84 页。

[2] 高首先：《并肩战斗结友谊 患难相助见真情》，《峥嵘岁月——张健民同志专辑》，第 84 页。

1960年代，还是1970年代、1980年代，关于他借钱给熟人的记录有很多笔（次）。这些记录，既体现出了改革开放之前中国普通民众较为淳朴的邻里互助习惯，也彰显了健民一家乐于助人的特点和善良天性。

1955年10月2日，王仙英借支10元；1956年9月13日，郭通同志借去洋60元；1958年12月22日，付李希庵先生借用洋10元；1962年10月21日，付王仙英借洋20元；1964年4月15日，付双俊借给李春和（双俊单位同事）洋40元；1964年10月1日，付阳城剧团凌书保借用洋100元；1965年7月25日，付郭水源同志（时任省委统战部副部长）借去洋50元；1968年12月28日，付郝溶（省委统战部同事）借洋15元；付辛毅山借洋3元。

1970年7月底，健民刚刚从干部学习班回到太原，就立刻要收拾行李"下放"到农村去，此时他及家人糟糕的心情可想而知。但在7月23日的记录中，依然可以看到"付董文秀同志（单位同事）借洋100元"。

1971年4月29日，付廉理发师借洋30元（老婆手）；6月28日付双俊同志借给子元家属洋20元；7月5日，付任有芳同志（邻居）借洋20元；8月12日，收茹子元家归借洋20元。

1974年9月30日，付孔祥毅借洋2元；1974年12月30日，付任有芳借洋20元；1976年8月21日，付韩国胜[①]

---

① 韩国胜是整魁的同学。

买自行车借用洋 50 元；1977 年 6 月 26 日，邻人小林借用洋 0.40 元……账本中诸如此类的记录不胜枚举。

账本里也有健民还钱记录：1957 年 1 月 20 日，张健民归还张颔先生 10 元钱。张颔先生是后来注释《侯马盟书》的古文字专家，书法家、文博家，当时他们是山西省委统战部的同事。作家韩石山在《张颔传》中记载，张颔先生当时经济也很困难，曾经为了渡过生活难关，把他收藏的一套《鲁迅全集》卖掉了。尽管自己经济不富裕，同事来借钱，也会慨然应允。大概张颔先生和健民同是耿介之士，惺惺相惜。健民故世后，张颔先生还写过四言八句的小幅悼词。

底柱搴英，获泽效灵。

于兹川岳，降吾友生。

秉性方直，处世率真。

君子风范，昭树典型。

悼词概括了同事张健民的品行，也见证了他们之间的深厚友谊。

账本中健民还记过一笔数额很小的借款记录：1974 年 9 月 30 日，付孔祥毅借洋 2 元。孔祥毅后来曾担任山西财经大学党委书记、博士生导师，中国商业史学会会长，晋商研究专家。当时孔祥毅先生住在张健民家的对门，说起来他们还是阳城老乡，健民和孔祥毅的父亲相识。孔祥毅在怀念文章中写道：

> 张老先生和蔼可亲，平易近人。我从来没有看见老先生和邻居、和客人、和别的什么人发生不愉快。他言语不多，看上去很严肃，但和人往来交谈，总是笑眯眯的，轻言轻语，常到他家的，有同事、有部下、有亲友、有工人，不论什么人，他常常都要送出门外，有时候还要送到院外。

> 张老先生豁达大度，乐于助人。在我们这个小院住的8户人家中，张老先生最早买了一台黑白电视机，人们都感到稀奇，想看不好意思看，因为张老先生年纪大，级别高，身体又不好，不愿意打扰他，可是小孩子们急得在窗户外看。张老先生和家人就每家每户打招呼，欢迎邻居来家看电视。于是每晚上总是满满一房子人。老先生和家人给大家准备了很多小凳子还不够用，就各人带各人的小凳子，天一黑就都来了，最多时有三四十人，最少也有十五六人，张老先生的卧室成了电影院。[①]

孔祥毅先生说，十五年的邻居，健民给了他们全家很多方面的关心与帮助，此言不虚，账本里记录的孔先生曾向健民借两元钱就是明证。俗话说：一文钱逼死英雄

---

① 孔祥毅、王丽荣：《回忆张健民老先生》，《峥嵘岁月——张健民同志专辑》，第109页。

汉，也许就是这两元钱，就能够在紧要关头帮助邻居渡过难关。在国家经济困难、每个家庭都不富裕的时期，这些金钱往来借助的记录，体现了健民对亲邻好友的热情帮助。

健民先生的人缘好，可以从逢年过节来看望他的人数量中显露出来。1976年2月1日是农历大年初二，他在这一天记录了全天与朋友同事亲戚的互相拜会探望情况：

> 上午偕双俊看刘舒侠同志，来堂一家五口来看，同乡张伟来看，郑林夫妇、李蓼源、白仁甫等同志来看，小侯（侯进垣）、张耀宗、刘跃宗、阎六贵、原小崇及王弟兄，郑子涛、小赵夫妇、王宝库一家；午后雷修成夫妇来看，晚李子修同志子女来看，曹显强同志来看，任振家同志来看。

一天里，有拖家带口的，有夫妻相伴的，有弟兄相随的，人来人往，好不热闹。这也从一个侧面反映出健民同志在同事、战友、老乡中的好口碑、好人缘。

账本里的时代印痕

下放安泽

1970 年 8 月至 1973 年底，健民被下放到了临汾的安泽与古县，经历了为期两年半轰轰烈烈的山西省直机关干部到农村插队落户或下放基层工作运动。这场运动裹挟了山西省数万名省直机关的工作人员及其家属，上至省委书记，下到一般干部。

在健民 1970 年 7 月份的家庭账本中，记录了许多因下放而产生的购买记录：32 寸柳箱 1 只支洋 15.20 元、皮箱带 1 条支洋 1 元；买枕套 1 对支洋 5.09 元、凉席 1 条支洋 1.35 元、小蒲扇 2 把支洋 0.24 元；买草绿塑料单 1 块支洋 3.10 元、礼呢圆口鞋 1 双支洋 9.17 元、痰盂 1 个支洋 0.15 元、英雄墨水 1 瓶支洋 0.34 元；买草帽 1 顶支洋 1.15 元、提包 1 个、背包 2 个支洋 15.48 元；等等。

这些一看就是出远门另安家的物品，预示着健民将有一段时间，会身处外地而与家人分离。

自此很长一段时间，健民和他家庭的生活常态被打乱了。他的账本中多了许多来往于太原与临汾、安泽、古县的交通费用记录，而他妻子双俊承担起了守护家庭和子女的主要职责。健民还在记账，但内容已经与之前不同，妻子双俊的工资不再记录进账本，因为双俊已经代替丈夫管理家庭的收支开销。但健民还是会把自己掌握或经手的项目，尽量详细地记录。

说起这次山西省直的机关干部的插队下放运动，就不能不提毛泽东的"五七指示"，以及著名的"五七干校"。1966 年 5 月 7 日，毛泽东在写给林彪的一封信中，提出"各行各业都应一业为主，兼学别样，从事农副业生产，批判资产阶级"。这就是著名的"五七指示"。1968 年 5 月，黑龙江省革命委员会根据"五七指示"，组织大批机关干部下放劳动，在庆安县的柳河办了一所农场，定名为"五七"干校。《人民日报》在题为《柳河"五七"干校为机关革命化提供了新的经验》一文中，报道了全国第一所"五七"干校的创办情况，并在编者按中公开发表毛泽东的指示："广大干部下放劳动，这对干部是一种重新学习的极好机会，除老弱病残者外都应这样做。在职干部也应分批下放劳动。"

此后，全国各地纷纷办起"五七"干校。中央和地方党政机关、高等院校、科研文艺事业单位的大批干部、教师、专家、文艺工作者被下放到农村，从事农副业生产和革命大批判。中央机关所办的"五七"干校大多集中在河南、湖北、江西、湖南等省份。据湖北省革委会 1969 年的统计，有 38 个中央机关、部队在湖北省成立了"五七"干校，下放人数近 10 万人。[①] 另据河南省革委会生产指挥部的不完全统计，截至 1970 年 1 月，中央各部委在河南

---

① 湖北省计划委员会：《湖北省经济大事记》，湖北人民出版社，1989，第 238 页。

省的 40 个县办了 61 所"五七"干校，下放干部达 6 万余人。[1]"文化大革命"结束后，1979 年 2 月，国务院发出《关于停办"五七"干校有关问题的通知》，各地"五七"干校陆续停办。

我对"五七"干校这个词熟悉起来，最初是源于杨绛先生的那本《干校六记》。在这本出版于 1981 年的薄薄小书中，杨绛先生在五味杂陈的心情中，记录了她和丈夫钱锺书在 1970 年到 1972 年期间被下放到河南省罗山县"五七干校"（后干校迁往淮河边上的河南息县东岳，又迁至明港）的生活琐事和内心感悟。从杨绛先生记录的她与钱锺书夫妻俩在干校的生活、劳动情景，我推想到健民彼时在临汾安泽、古县的生活。一代人有一代人的经历，无人能够在那场政治洪流中安然无恙。

当年山西的那场省直机关干部插队下放运动之所以发生，大概有三方面的历史大原因。[2]

第一个原因是革命化的需要。

1967 年 1 月，中共山西省委、省政府及各地、市、县的党政领导权相继被"造反派"所夺，全省绝大部分党政机关陷于瘫痪，大批干部被卷入运动之中。有三方面的"革命需要"，导致从九大之后，全国各地干部出现了

[1] 河南省地方史志编纂委员会:《河南省志（二卷）·大事记》，河南人民出版社，1994，第 460 页。
[2] 以下关于这次下放的背景参考了康小明《47 年前的那场山西省直干部下放潮》，https://mp.weixin.qq.com/s/D0spnS_QE9X-0WlKAQj-Ug，访问时间：2023 年 5 月 25 日。

下放高潮：其一是"文革"初期受冲击的机关干部需要安置，其二是革委会需要精简机构，其三是"阶级队伍"需要"清理"。

第二个原因是消除派性的需要。

"文革"期间，山西的派性问题和由此导致的武斗很严重，甚至引起了毛泽东的关注。为了彻底解决这个问题，中央于1969年3月份开始举办山西干部培训班，把山西省直机关全体干部、造反派各类头目共8000多人分批召集到北京封闭学习。健民的账本清楚详细地记录了他参加这个培训班的过程。

健民于1969年9月参加了华北地区统战系统举办的毛泽东思想学习班，他在9月2日这一天的账本中记录"交学习班伙食费18天洋9元，粮票15.8斤"以及购买肥皂、洗衣粉、香烟、毛巾、信封信纸、毛巾等生活用品的账目。当然最重要的是购买"九大文件"等学习资料。

第三个原因是战备疏散人口的需要。

以发生在1969年的"珍宝岛事件"为标志，中国在此后的5年时间里，同时面对美苏两大强国的军事威胁，国家安全处于危险境地，必然引发全国性的战备高潮，并因此导致全社会范围的疏散人口和转移物资。

所以在1969年10月，战备空气紧张，山西干部学习班集体参加了国庆二十周年天安门广场庆祝大会不久，就从山西迁到了河北省石家庄市进行"清理阶级队伍"。当时学习班预计的学习时间已经结束，本来准备结业让大家回去过年。但学习班突然宣布，山西的派性问题没有彻底解决，要揭发批判山西省原革委会正、副主任刘格平、张日清等人的问题，学习班空气骤然紧张起来，期限也被继续延长，一直持续到了1970年的6月份，而张健民也只能继续在学习班学习。

以前学员们星期天休息可以上街，亲属可以探望，而此时学习班宣布实行"五不"原则："不准个人单独行动、不准串联会后交谈揭批情况、不准请假、不准家属探望、不准通信。"学习班采用小会揭发、大会批判、联系自己检查派性的形式，一直又持续了半年时间。[①]

健民的账本可以印证这个过程，他从1969年9月2日开始交学习班伙食费，接下来账本每个月都会有"交学习班伙食费洋15.50元，粮27斤"的记录，一直持续到1970年的6月中旬才终止。而这10个月的账本记录，除了家中的固定收入和支出，基本上都是健民在学习班期间的伙食、购物花销，钱不够时，还需要妻子双俊寄钱过来。健民在这段时间买的最频繁的有三样东西：毛泽东的照片、毛泽东像章及毛泽东著作。

在这次学习班的后期，展开了"审干"和"清队"运动，张健民再次因"十二月事变"被定为审查对象。这段时期，健民的内心一定是苦闷的、彷徨的，香烟也应该是

① 康小明：《47年前的那场山西省直干部下放潮》，https://mp.weixin.qq.com/s/D0spnS_QE9X-0WlKAQj-Ug，访问时间：2023年5月25日。

抽得最多的。但他毕竟是经历过抗日战争的老革命，在学习班期间，他利用自己抽烟后收集积攒的烟盒纸，一遍又一遍地抄写陈毅元帅那首著名的《青松》。

1970年6月底，学习班终于结束，而此时健民已经离家10个月了。但此时健民的心情非但没有轻松，反而更加沉重起来。因为在学习班结束前，宣布了学员去向名单：省直机关干部一部分人到农村插队落户，一部分人下放到基层工作。

所以，当风尘仆仆、身心疲惫的健民从学习班回到太原后，或许家中几个孩子还来不及与父亲亲热，就会发现父亲脸上的表情充满了凝重不安。孩子们大概不知道，此时的父亲，需要立刻收拾行囊，随同上万山西省直机关的干部、家属一起，奔赴山西各地市县的公社与大队，去"从事农副生产、批判资产阶级"。

1970年7月底，为了将插队下放干部及其家属运送到全山西省内各个地市县的公社和大队，太原铁路局和太原长途汽车站共发出数十趟专列或专车。但这次的机关干部下放插队，和"五七"干校具有本质上的区别：插队落户是干部的户口、组织关系随着插队一起转到目的地，这些干部完全交给地方党委接管。

所以从1970年8月份开始，张健民的户口和人事关系都被转到了安泽县革委会，每个月的工资，都由安泽县革委会发放（后来又转到古县革委会），直到1973年11月底，张健民的户口才又重新转回太原。这些都可以从同时期的账本中看出来，比如 8 月份的记录中，健民记"买安招（安泽县招待所）饭票支洋 1 元，粮 2 斤""买安革（安泽县革委会）饭票 2 元，粮票 2.4 斤"；11 月份记录"收安革总十一月份工资洋 157.70 元"；等等。可以看出，相比"文化大革命"前，健民在下放时期的工资降低了。

不过，与同时期许多其他下放干部比起来，健民的境况其实不算最差，因为他每个月都能够从下放的安泽或古县回到太原家中。而其他许多山西省直、太原市直机关的干部，在这次运动中不但本人被下放，而且其配偶甚至子女也会随同下放。在插队下放运动陆续结束后，一些下放干部本人或者子女，甚至留在了当地，成家就业，再没有回到省会太原。当然，这种情况属于少数。

下放安泽不久，因为身体有病和家庭人口众多，夫妻分居两地，生活多有不便，以及因他本人级别较高，地县不好安排具体工作等原因，健民便给省下放办公室写了一封信，是请求调整工作地点。健民把写信这件事以及与调动工作有关的接洽，记录在了账本中。

1971 年 1 月 4 日，"夜写给全云（山西运城人，历任中共山西省委宣传部副部长、晋东南地委副书记、太原市委常务副书记、省顾问委员会常委——引者注）一信，自提调动地区事，同时写给双俊同志信"。23 日，"夜与陈丹同志面谈，得悉临汾地区已在考察我的工作调整地区问题"。

2 月 5 日，"下午曹中南同志秘书张同志接谈工作

203

账本里的时代印痕

调整事"；6日，"与下放办公室陈德普政委面谈致郭佑民信"。

5月17日，"下午省政工组干办解放军李文勇同志谈组织关系已于去年11.26转临汾地区"。

6月10日，"下午贺森同志面告李文勇同志意见：1.组织关系已于5.14转安泽；2.党费亦转安泽；3.调整工作暂不能处理"。

12月3日，"写信致安泽陈丹同志了解个人因分县的几点有关情况"。

1972年9月25日，"发信临地革干办蒲万玲请转回工作手续"。

从1972年下半年开始，插队下放干部便陆续返回省城原单位，健民回城的时间节点也应该在这个时候。1972年10月6日的账本中，健民记录道："下午崔茂森同志（工作关系）两次来看，告古县手续已经临汾转回省革干办。"16日记录，"寄古革户口迁移证特挂邮资0.23元"；30日记录"下午写信给古县陈根禄同志信，请办户口事"；11月7日"收到户口迁移证"；11月9日"下午办完户口登记事"；11日"下午正式到统办（省革委统战办公室）"。至此，健民为期两年半的插队下放生活结束。从前后接洽过程来看，他为此努力了近两年的时间，与几方联系，而最终回城也不是他个人努力的结果，而是局势和上级的部署发生了变化。在全国一盘棋、全国山河一片红的时代，像健民这样的干部尚且如此，普通人更无从改变组织分配的命运。

被偷与"严打"

从 1970 年代中期开始，到 1980 年代初期，健民的账本中，出现一系列之前很少出现的内容：财物被盗。我大致数了数，在这六七年的时间里，健民一共记录了多达 9 次财物被盗的经历，被盗的钱财数目，最多的 10 元，最少的有几毛钱。

1975 年 2 月 22 日的账本中，健民记录："丢失洋 10 元！"因为这样的遭遇在之前很少见，所以健民也少见地在记录后边跟了一个感叹号，来表达他当时的心情。不过，对于这一次财物损失，他还是表述为"丢失"。

到了同年的 4 月 4 日，健民再次遭遇财产损失，"被绺窃洋 9.20 元，工作证、医疗证"。这一次，健民直接把财产损失定性为遭到"绺窃"。"绺窃"指剪断人家系钱包的袋子或剪破人家衣袋以窃人钱财的行为。可见，财产被盗的特征是明显的，很可能是衣服口袋被刀片割破之类的。

对于此次财产的损失，健民一定非常懊恼，因为他不但损失了钱财，还丢失了重要的证件。此外，还有一个细节偶然被健民记录在了前一天（1975 年 4 月 3 日）的账本中：他参加了一个名为"释放人员工作会议"，付了会议饭费 0.20 元，粮票 4 两。

在接下来的几年中，关于财物在街头被盗的记录，便更多、更频繁地出现在健民的家庭账本中。

1976年3月22日，"下午4：15时工作证被窃，山大剧院门口"。4月24日，"下午买书时又被绺窃洋2元"。这里一个"又"字，能看出健民面对钱财被窃的经历，已经从最初的愤怒，变成了无奈。7月17日，"闻郑子昨晚盗汽车被抓"。

1979年1月27日，"被窃（原省委货店）洋10元"；3月27日，"被绺窃5元"。

1980年6月13日，"在解放路书店被绺窃7元"；8月30日，"夜看电影丢失2元（湖滨会堂）"。

1981年2月14日，付殿魁看病5元（昨日的丢了）。

1982年5月20日，"被绺窃洋8.40元"。

除了被盗外，还有一次大女儿张志琳被邻人打伤的记录，那是1979年1月6日，"上午悉志琳被人打伤，双俊孩子们往探。"

这几年数次财物被盗的经历，在1970年代初期及之前，是很少在健民及其家人身上发生的。当然，健民的账本在1960年代中偶尔也记录过一两次不慎丢失钱财的经历。比如1961年3月17日，健民在账本上记录："付丢失洋38.50元（由人民医院归来被窃）"，考虑到1961年仍处于困难时期，盗窃与失窃在当时应该不是罕见现象。由此也可见，人性在善与恶之间的突然转变，有时候是要参考当时的历史背景和社会环境而论的，不能一概以"好人"或者"坏人"这样简单的黑白二元对立思维来定性评判。

而这一次，健民遭遇财物被盗的事件，集中发生在了1970年代中后期和1980年代的初期，这背后一定也有什么更深层次的社会原因。

熟悉新中国那一时期历史的朋友也许猜到了，改革开放初期，饱受"文化大革命"动乱之苦的社会里有大批得不到妥善安置的人员，这其中一部分是上山下乡后返城知识青年，另一部分是失业在家的社会闲散人员。

以上说法，可以从国家统计局的相关统计数据中得到印证。我国从1978年起才开始有城镇登记失业人口和城镇登记失业率两项统计指标，我选取了1978年至1985年共8年间我国城镇登记失业人口及登记失业率数据进行了对比。（参见表6-1）

表6-1　1978~1985年中国城镇登记失业
人口及登记失业率对比

年份	1978	1979	1980	1981	1982	1983	1984	1985
城镇登记失业人口（万人）	530.0	567.6	541.5	439.5	379.4	271.4	235.7	238.5
城镇登记失业率（％）	5.3	5.4	4.9	3.8	3.2	2.3	1.9	1.8

数据来源:《新中国六十五年》，第171页。

从表 6-1 可以看出，我国城镇登记失业人口数量从最高时的 567.6 万人（1979 年），直线下降到最低时的 238.5 万人（1985 年），下降幅度高达 58%，也就是近 6 成。这侧面证明了 1970 年代末期到 1980 年代初期我国居高不下的城镇居民失业率。

另外，是当时社会的开放，国外的一些不良风气，有关暴力、犯罪的影视作品进入中国，导致游手好闲又易于情绪躁动的年轻人盲目模仿。在"文化大革命"打砸抢烧的无政府主义遗毒的影响下，打架斗殴、拦路抢劫、强奸妇女等影响恶劣的重大刑事案件高发。当时比较有名的刑事犯罪案件，有东北"二王"特大杀人案、河北唐山"菜刀队"、上海"控江路事件"，还有震惊全国的内蒙古"六一六"特大杀人案等。

社会治安的混乱程度，最终引起了中央特别是邓小平同志的关注，中央决定下决心大力整治社会治安，打击愈演愈烈的刑事犯罪。1983 年 8 月 25 日，中央政治局做出《关于严厉打击刑事犯罪活动的决定》，严厉打击严重经济犯罪和严重危害社会治安的犯罪行为。为配合此次行动，国家立法机关先后制定一系列单行法律法规，对刑法法典进行修改补充，死刑罪种增长较多。9 月 2 日，全国人大常委会通过了《全国人民代表大会常务委员会关于严惩严重危害社会治安的犯罪分子的决定》，将杀人、强奸、抢劫、爆炸、流氓、致人重伤或者死亡、拐卖人口、传授犯罪方法等危害社会治安的犯罪确定为打击重点，均可判死刑。同日全国人大通过的《关于修改〈中华人民共和国人民法院组织法〉的决定》，对《人民法院组织法》第13条做了修改，规定："杀人、强奸、抢劫、爆炸以及其他严重危害公共安全和社会治安判处死刑的案件的核准权，最高人民法院在必要的时候，得授权省、自治区、直辖市的高级人民法院行使。"① 此后，死刑复核权长期下放，直到2007年才收回。

新中国第一次"严打"正式拉开序幕。

1983年的"严打"斗争早已远去，留给我们的有经验，也有教训。但我们相信，在法治思维越来越深入人心的时代，对公民基本权利的尊重和人道主义精神一定会成为全社会的共识。健民先生账本中几笔看似不起眼的记录，倒映出了1980年代初期那场轰轰烈烈的社会综合治理运动的背景，由此也可以看出这些账本在反映社会变迁方面的史料价值。

接待日本佛教恳亲访华团

1973年上半年，上级分派健民一项重要工作：接待日本佛教恳亲访华团，团长为大川隆宏。在邻居孔祥毅的回忆文章中，曾对此事有一段描述：

① 何立波：《1983：党中央决策"严打"始末》，《检查风云》2008年第17期。

记得日本佛教团访华，要求到交城玄中寺，上级要求山西省委必须做好接待工作。当时别说是玄中寺，就连五台山也已经庙毁僧散。为了向世界宣传我们党的宗教政策，张老先生派人四处找和尚，一边修理寺庙，一边制作僧衣佛具，一边训练找来的和尚，亲自指挥和尚念经。他的肠胃病犯了，不能吃东西，两手按住肚子，彻夜加班培训和尚。①

说实话，看到这段文字时我有些忍俊不禁，脑海中也浮现出一些略显滑稽的画面。但实事求是地讲，评价历史不能脱离历史，当时还处于"文化大革命"动荡之中，在经历过"破四旧"的运动之后，有多少寺庙和僧侣还能独善其身？对于许许多多对党充满信仰、对本职工作兢兢业业的老同志来说，他们内心未必不知道当时许多事情的荒谬，但还是凭着多年养成的忠诚于党的事业的精神尽力而为，在自己的能力范围内把工作做到最好。

玄中寺位于交城县西北十公里的石壁山上，始创于北魏延兴二年（472），建成于承明元年（476）。因地形层峦叠嶂、山形如壁，故又名"石壁寺"。玄中寺是佛教净土宗的发源地，由东晋昙鸾大师创立，经道绰、善导发扬光大，传播于中、日、韩、越等地，昙鸾、道绰、善导被尊

---

① 孔祥毅、王丽荣：《回忆张健民老先生》，《峥嵘岁月——张健民同志专辑》，第110页。

为"净土宗三祖师"。从佛教的传承关系来看，玄中寺同日本佛教净土宗和净土真宗有着深厚的历史渊源，这两大宗派都继承了昙鸾、道绰、善导三祖的净土法门体系，都尊昙鸾、道绰、善导为他们的祖师，视玄中寺为其祖庭。[①]

日本佛教净土宗信众公认的净土祖师有 7 位，又被称为"七高祖"或"七高僧"，他们分别是古印度龙树、天亲（世亲），中国的昙鸾、道绰、善导，日本的源信、法然（源空）。长期以来，日本佛教净土宗信众感念中国净土三祖师的恩德，对玄中寺十分崇敬。1920 年，日本佛教净土宗常盘大定法师曾来玄中寺朝拜，他回到日本后，在日本掀起瞻仰、朝拜净土祖庭的风潮。

新中国成立后，以玄中寺为纽带的中日佛教界文化交流仍然频繁，玄中寺承担了对外交流和中日文化桥梁的重要作用。故 1973 年中日邦交正常化以后，日本"日中友好宗教垦话会"代表团，再次来到石壁玄中寺访问，中日两国佛教徒为了两国人民的友好，还专门举行了法会。这是中日佛教文化交流中比较重要的一次。

与这段工作经历相关的记录，也多次出现在健民先生1973 年的家庭账本之中：

3 月 8 日，下午与国务院宗教局通话；13 日，支玄中寺午餐费 0.20 元，粮半斤；上交城玄中寺。

---

① 关于玄中寺的介绍，见中国佛教协会网站，访问地址：https://www.chinabuddhism.com.cn/zdsy/15/2012-03-13/254.html，访问时间：2023 年 5 月 30 日。

4月30日，付玄中寺午餐洋X元，粮X斤（带原魁）。

5月7日，下午中央宗教局电告派人赴京研究接待"日宗恳"事；23日，玄中寺、崇善寺吃饭洋0.90元，粮2.2斤。

7月20日，交五台山会议伙食费洋2.40元，交五台山会议伙食粮票5.3斤；21日，五台县招待所午饭洋0.25元，五台县招午饭粮票0.3斤。

此次日本佛教恳亲访华团，国家层面负责接待的是中国佛教协会会长赵朴初，山西佛教团体负责接待的是山西省佛教协会副会长玄智法师。恳亲访华团在山西期间，赵朴初会长和玄智法师，还陪同访华团一行参观了晋祠等地。

健民先生很少在账本中记录与工作有关的内容，而1973年的这项接待工作，显然责任重大，所以他在账本中多次记录。虽然只有只言片语，但却留给了后人一点探寻历史事件的线索。

与李蓼源的交往

2022年11月7日，我在微信朋友圈里看到山西民革公众号发布了这样一条讣告：爱国民主人士，中国共产党的亲密诤友，山西省第八届人民代表大会常务委员会副主任，民革山西省第六届委员会副主委、代主委，七届委员会主委，八、九届委员会名誉主委，中国人民政治协商会议第八届全国委员会常务委员，山西社会主义学院原院长，抗日老战士（中共中央、国务院、中央军委颁发抗日战争胜利60、70周年纪念章获得者）李蓼源同志，因病于2022年11月7日凌晨2时在山西太原逝世，享年98岁。①

我之所以关注这条新闻，是因为逝者李蓼源先生与张健民先生有很多交集。他的名字曾多次出现在健民的账本中，而他回忆张健民先生的文章，也收录在那本《峥嵘岁月——张健民同志专辑》之中。

李蓼源，1925年出生，河南淮阳人，祖籍安徽颍上。祖上曾参加过太平天国运动，为避免清廷迫害，逃往河南，先居太康，后定居淮阳。父亲李际九，是辛亥革命志士、著名学者，民国年间曾任河南省项城知事、湖南省警务厅长等职，与赵戴文等国民党大员关系密切。因颍上春秋时属蓼国，他的父亲为他取名"蓼源"，就是告诫他走马天涯，不忘故土。同时"蓼源"之名，又暗合《诗经》的《小雅·蓼莪》意趣，强调为子必须尽孝，为国必须尽忠。而这个名字，还与毛主席后来写的著名文章《星星之火，可以燎原》中的"燎原"谐音。于是，"燎原"便成为李蓼源先生的笔名。抗日战争时期，他用这个笔名，在《阵中日报》《抗战青年》《壶口》等报刊，发表了不少文章，在二战区名重一时。

① 李蓼源资料来源于2022年11月9日《山西日报》数字版，访问地址：http://epaper.sxrb.com/shtml/sxrb/20221109/813019.shtml，访问时间：2023年5月30日。

　　1938 年李蓼源先生在淮阳读师范时，正值日寇铁蹄践踏华夏，他跟着一帮同学从河南、武汉流亡到了西安，找到八路军办事处，准备到延安去投身抗日。后来遇到父亲老友陈树人，陈树人把他推荐给当时的山西省政府主席赵戴文，于是他来到山西。赵戴文同样是李蓼源先生父亲的好友，先把他安排进入中央宪校太原分校法律专修科学习，后又被委任为第二战区司令长官司令部侍从秘书室秘书，负责为阎锡山记录文字等工作。

　　李蓼源先生的一生颇具传奇色彩，因为他一生曾两次入狱，总共八载。一次是坐的阎锡山的牢，另一次则是坐的"四人帮"的牢。

　　1945 年 10 月，日本投降后不久，阎锡山回到太原，要过抗战胜利后的第一个"寿诞"——62 岁生日。阎锡山选取了自己十数篇长文，让李蓼源负责编印成《革命动力》一书，准备作为"寿礼"分赠组、政、军、教、经各单位人员。但李蓼源在此书的编印过程中，将阎锡山文章中"我的政治主张是为民爱民主张公道的"一句，编印为"共产党的政治主张是为民爱民主张公道的"。虽然在校对过程中被人发现这句话，立即毁版重印，但此事还是被阎锡山知道了。阎锡山怒不可遏，命令政卫师长贾宣宗，立即逮捕李蓼源并秘密处死。后贾宣宗向阎锡山求情，阎锡山又命令警务处长杨贞吉对李蓼源动刑拷问，但用刑七天依旧无果。后因阎锡山被蒋介石电召重庆开会，此事就此搁置，李蓼源被辗转各地关押，直至 1948 年，各方积极营救，最后经阎锡山五妹阎慧卿说情，李蓼源才被保释出来。

另一次坐牢的原因，据李蓼源先生在纪念张健民的文章《诚挚的益友，难忘的怀念》中自述，起初涉及与赵宗复合著文章问题，继则涉及与杜任之合为前省长王世英诉冤问题，遭造反派与"四人帮"无情批斗与残酷迫害入狱5载。张健民在自己也身处逆境尚难自保的帮派斗争中，还不忘关切李蓼源的近况，以及家中妻弱子幼生活艰难，如果遇到知己，还会直言"对李蓼源斗之过分"。①

而李蓼源先生于 1973 年 7 月 4 日出狱时，恰恰就是张健民代表党组织去接的他。当时张健民紧握着李蓼源的手说："蓼源同志，你是一位好同志，党了解你，同志们了解你，你受了委屈。"②此事令李蓼源终生难忘。

健民先生与李蓼源先生相识较早，他在省委统战部时两人就熟识，1957 年至 1982 年一直相处。省政协恢复后，张健民调任省政协副秘书长，李蓼源也调到省政协办公厅工作，后来任副秘书长兼文史委主任。这个时期，李蓼源的办公室与张健民的办公室在一栋楼，每天都会碰面。两人的交往也多了起来，每每遇到大事，尤其是有关党史、党纪及国内重大思想问题讨论，两人都会交换看法。在李蓼源先生的日记中，还清楚地记载着 1982 年 8 月 15 日在

① 李蓼源:《诚挚的益友，难忘的怀念》,《峥嵘岁月——张健民同志专辑》, 第 78 页。
② 李蓼源:《诚挚的益友，难忘的怀念》,《峥嵘岁月——张健民同志专辑》, 第 78 页。

215

省政协党支部大会上通过他入党时，参会的健民先生那中肯诚挚的发言。虽然后来因特殊原因，组织上还是决定李蓼源先生继续留在党外，做我党的净友，但张健民在会上坦诚的发言，还是令李蓼源先生终生难忘。

有意思的是，在健民先生那个时期的账本中，也能找到关于李蓼源先生的记录。比如1975年6月，健民生病住院期间，4号那天的账本记录中就有一句话"下午李蓼源来院探望"；而1976年2月1日（农历大年初二），健民先生记载了当天去家中看望他的亲朋好友名单，李蓼源先生的名字也在其中；1976年5月27日，"上午李蓼源来望"；1980年11月28日，健民在记录了一堆家庭琐事后，又记录了一句"上午交蓼源等《灯票》稿"；到了1985年1月16日，已经离休的健民还在账本中记录"晚托李蓼源同志带信聂真同志代转唐天际老同志函"。

接待商震一家

健民的生活账也兼记事。不仅有他个人工作上的事情，也有他的人际交往记录。同时，健民作为山西省的一名领导干部，账本里记录的一些关于他工作内容的只言片语，也从微观角度反映了当时的政治生活。

但健民的这些记录有一个特点，就是文字都异常简单，哪怕事件的重大程度可以写入历史，但他在记录时依旧云淡风轻，轻描淡写。如前文所述，毛泽东于 1976 年 9 月 9 日逝世时，健民在当天的账本中并无相关记录，反而只照例记录了几条诸如"买蒸馍 4 斤支洋 1 元、买西山煤 2 吨支洋 25.40 元"这样的家常琐事。到了 9 月 11 日那天，他才在账本中简单记录了一句话："上午悼念伟大领袖毛主席！"这句话末尾的一个感叹号，才算是含蓄地表达了健民对于毛主席逝世这件事的真实情感。

还有另外一个例子。1974 年 9 月 26 日，健民在账本中记录了这样一句话："接商震祖孙三代，27 晚送赴大寨上车。"

这短短 16 个字，犹如一根细线，牵扯出曾任中华民国河北省政府主席、山西省政府主席的商震，祖孙三代回国观光，在山西参观时的一些细节。由于商震来访时，国内正处于"文化大革命"时期，所以山西省内并没有进行过报道。

因为健民在账本中对于他接待商震的事情描述太过简单，我一时很难去了解这段历史。后来我在《山西文史资料全编》中查找资料时，看到了辛毅山先生（曾在山西省委统战部工作）撰写的一篇回忆文章《商震来山西参观访问纪实》，对于我了解那段故事起到了很大的帮助作用。

商震（1888~1978），字启予，祖籍浙江绍兴，1888 年 9 月 21 日生于河北保定。北洋陆军速成学堂洋文班毕业，后东渡日本留学，并加入同盟会。返国后投效东北新军朱庆澜部，旋入东北讲武堂，奉天测量学堂深造。1913 年任陆军部高等顾问。翌年6月，随陕西督军陆建章入陕，任陕北剿匪司令。1916年陆建章势力被陈树藩取代，商震被当时急需人才的山西督军阎锡山看中招入晋绥军。

商震不擅交际，但治军颇严，从军二十多年素有战功，所以在中国军、政两界都很有影响。1931年3月中原大战后任第三十二军军长，并率第三十二军脱离晋绥军投向蒋介石。抗日战争期间，商震任第二十集团军总司令、第六战区司令长官、军事委员会办公厅主任兼外事局长，战后任中国驻美军事代表团团长等职。抗日战争胜利后，还曾任国民政府参军长、总统府参军长及驻日军事代表团团长等职。因厌恶内战，不愿跟随蒋介石去台湾，后辞去国民党驻日本军事代表团团长一职，自此定居日本，远离政事，潜心研究中国古典书法、诗词艺术。1978年5月15日病逝于东京，终年90岁。①

商震虽一直客居日本，但时刻关注祖国的进步与发展。1971年中国恢复联合国合法席位、1972年中日邦交正常化以及中美发表联合公报，这三件大事是促成商震重回祖国参观的大背景。1973年，中日友好协会会长廖承志向商震发出了邀请，商震几经犹豫，最终下定决心，冲破台湾当局所派遣特务的阻挠，终于踏上了回国的旅程。

当年已经86岁高龄的商震，于1974年9月19日从日本抵达北京，与此同时，商震的儿子商鼎霖带着商震的孙

---

① 王宗华编《中国现代史辞典》，河南人民出版社，1991，第631页。

女商蕙璇从瑞士到祖国观光旅游，而自己的这个孙女，商震一直都没有见过，所以我能想象到祖孙三代在北京团聚后的欣喜之情。商震此次回国，中央十分重视。从日本出发时，中国驻日大使陈楚设宴送行；到北京后，廖承志委员长在北京饭店设宴接待，傅作义将军的遗孀刘芸生也参加了欢迎宴。后来周恩来、朱德、叶剑英等党和国家领导人都接见了商震。

商震一家乘火车于9月26日从北京抵达山西太原。辛毅山作为山西省革委会统战办公室派出的工作人员，全程陪同商震祖孙三代参观、游览。他回忆，"三代人在北京团聚后，即于9月26日乘火车来到山西省太原市，受到办公室负责人张健民等同志的热情接待"。①

张健民在车站迎接商震一家后抵达迎泽宾馆，当时的山西省革委会副秘书长兼统战办公室主任史怀璧在宾馆迎接。

商震一家26日到太原，27日全天参观了太原钢铁厂、太原重型机器厂，游览了太原新建的迎泽大桥、西郊的悬瓮山以及位于上肖墙的商震旧居，最后游览了晋祠。当天晚上，山西省革委会副主任王庭栋在迎泽宾馆会见并宴请了商震一行，之后由张健民负责送上去往大寨的火车。至此，张健民负责参与的太原部分接待任务结束。②

---

① 辛毅山：《商震来山西参观访问纪实》，《山西文史资料全编》第86辑，第156~159页。

② 辛毅山：《商震来山西参观访问纪实》，《山西文史资料全编》第86辑，第156~159页。

商震来访山西，自然少不了参观大寨。商震一家从太原离开后，依旧在辛毅山的陪同下于9月28日抵达大寨，又进行了一天的参观访问，负责陪同参观的是大寨大队革委会副主任贾来恒，参观结束后，众人一起在团结沟渡槽头处合影留念。当天晚上，商震结束为期三天的山西行，从阳泉乘坐火车连夜返回了北京。

从山西回到北京后的第二天，也就是9月30日晚上，商震被邀请参加了中华人民共和国成立25周年的国庆招待会，与夫人安田作子被安排在了主宾席上。宴会上，商震见到了周恩来总理，二人频频举杯、握手言欢。10月10日，叶剑英副主席接见了商震及其夫人，叶帅欢迎商震随时回国观光，保证来去自由。10月23日，商震乘机返回日本。商震此次回国，停留了近一个月的时间，先后前往北京、天津、山西、河南、江苏、上海、南京等地进行了参观访问。[①]

1973年的大陆观光行，给商震留下了极其深刻的印象，他不断地向在美国、台湾的友人讲述着大陆的发展，希望他们也回去观光游览。1975年国庆节前，商震第二次踏上了回国的旅程。第二次回国，商震游览了祖国更多的地方，见到了自己更多的老部下、老朋友。他对故土的思恋越来越深，甚至向叶剑英元帅提出了回国定居的想法，并得到了叶帅的应允。但一年之后，国内发生了许多重大

---

① 蓝叶：《商震将军晚年的故国情》，《党史博采》1995年第5期。

变故，周恩来、朱德、毛泽东相继去世，"四人帮"垮台等等，耽误了商震回国定居的计划。①

遗憾的是，1978 年 5 月 15 日，90 高龄的商震去世，未能了却他的最后心愿。夫人遵从遗愿，并得到中共中央的批准后，将商震将军的骨灰安葬在了北京八宝山革命公墓。健民参与的商震归国访问活动是 1970 年代末冷战冰河开始消融的诸多表征之一。当时零星的归国访问，官方、半官方的接待活动增进了海外华人对祖国的了解，为改革开放后更大规模的交流做了预热。健民无疑在解冻初期承担了落地接待的工作。而他之所以在统战部工作，恐怕与他抗战时期在第二战区的经历不无关系。因为这段经历，健民曾屡遭审查，形势变化后，这段经历又成为他开展工作的有利背景。关于个人经历的好与坏，有用、无用与时代之关系，我们于这里看到一个生动的例子。

为董清汉平反

如果要问健民一生中有哪些人让他心心念念几十年而不能释怀？我想他一定会提到董清汉。如果再问健民，一生中什么事他有应做、必做的责任，我想他一定会回答："为董清汉平反！"

---

① 蓝叶：《商震将军晚年的故国情》，《党史博采》1995 年第 5 期。

董清汉的身份有些复杂。抗战时期，他在日本人治下的阳城县南安阳村担任伪村副一职，后来被县抗日政府以"汉奸"的罪名处死。健民与董清汉之间，有一段少有人知的往事。

健民曾经于1942年11月至1945年4月担任"八路军晋豫联防区司令部阳城县敌伪军工作站"（简称敌工站）的站长。敌工站的上级是"八路军晋豫联防敌工科"，在当时阳城的复杂社会环境之下，敌工站属于我党的秘密地下组织，而对外公开身份则是"八路军阳城县办事处"。敌工站的主要任务，就是充分利用中日民族矛盾，大力进行日伪武装的分化、瓦解与争取工作。

自从日寇侵占阳城之后，地处南北要冲的南安阳村，便处于一个十分复杂的社会环境之中，鱼龙混杂，各派武装势力较量其中，明争暗斗：第一部分是秘密隐蔽在地下的抗日组织；第二部分是公开的日伪维持会，这是抗日战争初期日寇在中国沦陷区内利用汉奸建立的一种临时性的地方傀儡伪政权，为日本侵略者实现"以华治华""分而治之"的侵略目的而服务；第三部分是横行东南乡的阎系县政府；第四部分是割据西南乡的蒋系县政府。

这样复杂的社会格局，有点类似于沦陷时期的"孤岛"上海，同时或明或暗地存在着各种武装、政治力量，并在彼此纠缠中割据较量，各种力量之间有时彼此合作，有时彼此厮杀。

当时南安阳村的伪村长名叫陈文采，而担任伪村副的有两个人，一个名叫蒋鸿明，另一个就是董清汉。

健民为何会与董清汉这个"伪村副"扯上关系？又为何在革命胜利后的几十年间，心心念念地要为董清汉平反呢？这里面藏着一个悲壮且令人唏嘘的故事，其精彩程度，不逊色于香港电影《无间道》。

董清汉，生于 1915 年，祖籍山东，后随父辈逃荒落户于阳城县城东南安阳村，乳名欧迷。其人粗通文墨，口才极好，善于人际交往。日寇侵华并占领华北后，他深感江河沦陷的屈辱，也曾积极宣传抗日救国，踊跃捐钱、捐粮支援前线，并对国民党"攘外必先安内"的不抵抗策略深恶痛绝。但老百姓困在乡间，毕竟眼界有限，跳脱不出养家糊口的需要。董清汉因为自身善于交际且讲究仪表、穿着，在乡邻间有一定社会威望，故被日寇选中担任伪村副。但董清汉虽然表面上为日本人服务，但心里却给自己定下了"四不原则"，即"卖国求荣的事不干，伤害百姓的事不干，辱没祖先的事不干，有悖天理的事不干"。①

此时担任敌工站站长的健民，最重要的工作任务之一就是在南安阳村设立一个情报联络点，以便及时地将敌伪军活动的情报送达阳南、阳北两县。而担任"伪村副"因而具有灰色身份的董清汉，就成为做健民秘密线人的最佳人选。理由有三：第一，董清汉具有"伪村副"的灰色身份，不引人注目；第二，董清汉日常行事没有民愤，群众

---

① 潘小蒲：《捎书寄信言真情——张健民同志为董清汉正名》，《峥嵘岁月——张健民同志专辑》，第 67 页。

口碑较好，关键是家中条件还不错，有钱有粮，吃住方便；第三，董清汉善于八面玲珑地与日军打交道，能把日本人哄得团团转，而且经常被日军派到县城中的"红部"，为其长官送鸦片及女眷使用的香粉等物，易于获得情报。①

但条件虽好，人可靠才是第一位。毕竟当时阳城处于日军占领的恐怖时期，稍有不慎，就会导致敌工站遭受毁灭性打击。

健民对董清汉进行了多次试探及考察。比如秘密指示董清汉为八路军提供安阳一带日军、伪军、汉奸的活动情况。事后对比发现，董清汉提供的情报基本上与其他地下工作者提供的情况一致。又比如，健民秘密指示董清汉护送我八路军便衣侦探安全越过日军封锁线，董清汉凭借自己的身份，也顺利地完成了此项任务。谨慎的健民还不放心，又再次指示董清汉设法掩护抗日游击队截获给安阳所驻日军运送的粮食，董清汉再次圆满地通过了考验。②

至此，健民对董清汉有了客观正确的评价：此人属于"身在曹营心在汉"，是一个有爱国情怀且值得信赖的自己人，把情报联络点设置在董清汉家，没错。

接下来二人的秘密接触就顺理成章了，健民在董清汉

---

① 潘小蒲：《捎书寄信言真情——张健民同志为董清汉正名》，《峥嵘岁月——张健民同志专辑》，第67页。

② 潘小蒲：《捎书寄信言真情——张健民同志为董清汉正名》，《峥嵘岁月——张健民同志专辑》，第69页。

家，讲明了自己的真实身份，并为他讲述了抗日斗争的形势和我党实行抗日民族统一战线的方针政策，并讲明董清汉今后对外是日伪村副，对内是八路军情报联络员。基于当时险恶的环境，为了确保安全，健民与他直接单线联系。所以董清汉的真实身份，就像《无间道》中潜入香港黑社会"三合会"的警察陈永仁一样，除了他的直接联系人以外，并没有其他人知晓。而这也恰恰成为日后董清汉被冤杀的原因。

在战事频繁、斗争激烈的阳城，在各方武装政治力量明争暗斗、你死我活的较量之中，谁掌握了情报，谁就掌握了制胜的主动权。董清汉成为健民的单线联络情报员后，利用自己给日本长官及太太多次运送鸦片和香粉、胭脂的机会，出色地完成了收集日伪军重要情报的任务。要知道，董清汉为了获得情报，需要得到日本人的充分信任甚至是"宠信"，表面上自然就要做出更加"效忠皇军"的假象。但这恰恰被不明真相的老百姓所痛恨、咒骂，也使得董清汉的名字，被记入了我方"惩治汉奸"的黑名单。

1943年秋，在日军"大扫荡"结束后，董清汉被南阳抗日政府第三区公所以"汉奸"的罪名处死了。健民万万没有想到，这位利用灰色外衣作掩护的八路军情报员，没有死在日军的屠刀下，却冤死在不明真相的抗日群众手中，何其悲壮且令人痛惜。健民因董清汉的冤死而大哭了一场，并从那时就在心中立下誓言，一定要为董清汉平反。

在接下来几十年的时间里，在多次的政治运动中，在关于董清汉真实身份的问题上，健民都不遗余力地进行了说明和作证。

1945 年 4 月，日军败逃，阳城全境解放。阳南、阳北两县合并后，健民专门向县委、县政府呈送了《董清汉不是汉奸而是直接受敌工站领导的秘密情报联络员》的详细说明，对董清汉以灰色身份作掩护为抗日做出的贡献给予了充分的肯定和证明。①

1950 年代，"肃反"工作在阳城全面展开后，董清汉的历史问题再次被提了出来，就连其三亲六故都被列为清查对象。为了再次给董清汉正名，健民以及其他三位知情人，不仅出据了调查证明，而且向"肃反"办公室提供了书面证明材料，对董清汉历史问题的调查才告结束。②

但已冤死 20 余年的董清汉并没有从此清白，"文化大革命"中，董清汉的家属因其"汉奸罪"受到了牵连。在那个混乱的年代，作为老革命的健民自身难保，对董清汉家属的不幸遭遇，唯有哀叹却又无可奈何。"文化大革命"结束不久，对此事念念不忘的健民利用 1979 年 12 月应邀回阳城参加纪念"十二月事变"40 周年大会的时机，专门向当时的县委领导陈述了董清汉冤死的情况，并亲自到南安阳看望了董清汉的家属。

---

① 潘小蒲：《捎书寄信言真情——张健民同志为董清汉正名》，《峥嵘岁月——张健民同志专辑》，第 71 页。
② 潘小蒲：《捎书寄信言真情——张健民同志为董清汉正名》，《峥嵘岁月——张健民同志专辑》，第 71 页。

在太原工作期间，健民继续在董清汉平反的问题上奔走，1983 年 8 月 23 日这天，健民在账本上记录："下午为董清汉错杀事，给阳城县委政府挂号信一件。"

1984 年，董清汉的儿子董福贵专程到太原看望张健民，陈述了自己的境况。健民立刻提笔给阳城县史志办负责人潘小蒲写了一封信，内容为证明董清汉从事八路军秘密情报联络员的情况，并在信中特别提及了董福贵家属收入甚少、生活困难的现状，希望得到有关方面的帮助。

在 1984 年的账本中，有三条关于董清汉儿子董福贵的记录，印证了健民一直在帮助着董清汉的子女们。第一条是 2 月 16 日，"上午复董福贵信"；第二条是 3 月 5 日，"下午南安阳董福贵从阳城访——求落实其父政策"；第三条是 12 月 31 日，健民记录"上午决心给唐天际、田霍卿、董福贵、李政国 6 同志各写一信，以还心愿以致敬意"。

健民的帮助很快起了作用，1985 年 4 月 12 日，健民在账本中记下了这样一句话："上午阳城检察院、民政局来人谈董清汉案如何落实政策问题。"可见当时健民在董清汉案平反问题上是关键人物。

但遗憾的是，我采访了张健民的小儿子张炎魁先生，通过他又询问到阳城县史志办的负责人，得知董清汉的问题因为没有直接证据，最终没有得到解决。我想，在健民先生去世时，内心放不下的，一定还有这件事，以及那个人吧。

告　别

随着时间的流逝，健民慢慢老了。有人开玩笑说过，人变老的一个特征就是，"认识的鬼越来越多，认识的人越来越少"。这句玩笑虽然略显粗鄙，但却是实话。在生命的最后五年，健民的家庭账本中，开始越来越多次地出现送别的记录。

"遗体告别""挽幛""花圈"，这些词开始频繁地出现在健民最后5年的家庭账本之中。逝者之中有健民曾经的同事、战友，出现人名的共计有21人。这些人几乎都是健民的同辈人，他们与健民在战火纷飞的革命年代、热火朝天的建设年代彼此并肩前行，共同见证彼此的人生历程。如今却纷纷走向风烛残年，生命渐次飘零而去。

1989年

1月17日，上午9时向郭雁声同志（老战友）遗体告别；24日，悼张念先花圈租费0.80元；托王安国、潘小蒲转闫嘉义同志（老战友）唁函；3月16日，晚电视悉唐天际同志遗体告别；6月2日，上午9时向吴泽谦同志遗体告别；8月8日，上午告别杨季农同志（原省农委副主任）遗体。

1990年

　　3月1日，上午高增亮同志遗体告别；29日，上午因故未能参与张琪同志（老战友）遗体告别；4月27日，上午向张忠贤同志（工作关系）遗体告别；15日，付王大伦挽幛费洋3.36元；7月1日，唁宋克勤（战友）电，费洋2.48元；18日，发刘己未（战友）唁电，用洋2.85元；10月25日，挽王定南同志（山西省政协原副主席、省文史研究馆馆长）幛子，用洋6.10元；11月9日，长途电话告知马子明（老战友）遗体告别事（托访荣）。

1991年

2月6日，付租挽张力同志（熟人）幛子，摊洋3.90元；12日，挽胡广诚同志（战友）幛子，摊洋3.90元；7月10日，上午王正（老战友）遗体告别；8月15日，付挽刘光第（省委统战部原处长）幛子，洋5.85元，上午向刘光第遗体告别；21日，收张建新率子女致哀谢函；9月18日，付挽任直生（老战友）两人幛子，洋11元。

1992年

2月3日，发悼孔宪宽（战友）电，支洋2.48元；5月10日，上午悉崔永敦（战友之子）逝世；13日，上午别崔永敦遗体。

当然，旧生命凋谢的同时，新的生命也会绽放。在每一年春节期间，健民的儿孙们都要给他来拜年，而健民需要给压岁钱的孙辈甚至重孙辈，也越来越多了。健民生命的最后5年里，每逢大年三十那天，家庭账本中总要记上这些账目。

1989年2月6日是农历大年初一，健民在这一天记录

229

"给孙儿小博、孙女丽华、小孙小锐（虎）压岁每人 3 元"；7 日大年初二女儿带外孙们回娘家，健民又记"给外孙雷震、郝志宏压岁，2 人各 3 元"。

1990 年 1 月 27 日是农历大年初一，健民在这天记录"付李霞、李腾、小博、丽华、小虎 5 人压岁钱各 5 元，共 25 元"；28 日是大年初二，健民又记"付雷震、郝志宏压岁钱各 5 元，合为 10 元"。

1991 年 2 月 15 日是农历大年初一，健民在这一天记到"付李霞、李腾、张博、张虎、诗颖压岁钱各 10 元，合计 60 元"；16 日"付雷震、郝志宏压岁洋各 10 元，合 20 元"。

1992 年 2 月 4 日是农历大年初一，健民记"发压岁（传、华、虎、诗、霞、腾及粉苗、青英）洋 80 元"，这一年是健民的孙辈来的最多的一年，大大小小、男男女女一共 8 个孩子，家里顿时热闹起来，充满了孩子们欢腾的生命力。当然，这一年春节也是健民付出压岁钱最多的一年。5 日照例是两个外孙来拜年，健民"发压岁（雷震、志宏）洋 20 元"。与往年不同的是，7 号大年初四时，健民的外孙女成月娥和外孙女婿关永孩带着他们的女儿，同时也是健民的重外孙女关菲来拜年了，健民高兴地记录"发曾外孙女关菲压岁洋 10 元"。张家人丁兴旺、生命延续到了第四代人。看着膝下儿孙绕膝，健民一定异常高兴吧。

　　但他自己的身体，已经不足以支撑他愉悦幸福的心情了。生命最后的 3 年，健民遇到了两次危险。第一次发生在 1990 年 2 月 21 日，这天他在账本上又惊又恐地记录："晨 6：18 时于解放大楼北侧险被电车碰轧！！！"第二次的危险发生在 1992 年 12 月 25 日，此时离他走向自己生命的终点，只剩下短短 5 个月了。健民在这一天的账本中记录"早 6：30~7：00 楼门内两次摔倒致伤"。这两次摔伤加速了健民的衰老。

在生命最后的几年，健民的体力、精力明显下降，体现在他的家庭账本中，就是每个月记录的天数越来越少，记录的内容越来越简单。1991 年 1 月份记录了 7 天，2 月份记录了 6 天，3 月份记录了 9 天，4 月、5 月、6 月份都只记录了 8 天，7 月份记录了 12 天，8 月份记录了 11 天，9 月份记录了 9 天，10 月、11 月份都记录了 6 天，12 月份记录了 8 天。这与之前每月必定记满天数的做法，形成了强烈的对比。1992 年账本的记录情况也大致如此。

1993 年，1 月份记录了 7 天，2 月份记录了 10 天，3 月份记录了 7 天，4 月份记录了 9 天，5 月份只记录了 3 次后，最终截止日期为 1993 年 5 月 11 日，这是健民记录家庭账本的最后一天。在这最后一天，健民的家庭账本全部记录如下：收五月份工资及七项补助洋 484.24 元，交五月份房（租）14.50 元、水 4.62 元、电 6.45 元，三项合计 25.57 元，付双俊同志家用洋 200 元。

至此，延续 41 年的家庭账本记录完毕。9 天后，张健民先生去世。

遗 产

平心而论，对比靠工资收入来过活的大多数普通中国家庭，以张健民及妻子上官双俊的革命资历、职务级别来算，他们夫妻俩从 1950 年代到 1980 年代的家庭收入算是比较高的。但无奈张家人口众多，张张都是吃饭的嘴，所以家庭的收入及支出，都需要张健民来统一管理，诚如他在夫子自道的诗《梦寐念今生》中所写："子女众多，计筹度日。"

在健民严密、细致的管理之下，从 1950 年代到 1980 年代，他的家庭从未出现过寅吃卯粮、捉襟见肘的窘境。倒是经常有健民一家借钱给熟人、邻居、同事的记录。

长子张整魁在回忆父亲的文章中，对于父亲那种自尊、自立、自足的勤俭持家精神，有过如下描述：

他经常讲，过日子千万不能寅吃卯粮，他很庆幸自己参加革命后没有向组织伸过手，没有申请过补助或向单位借过钱。并且要求我们在学校不要向学校申请助学金，他相信，只要计划好，全家人的基本生活就不会有问题。在他的主持下，全家生活虽然简朴，但从未发生困难。这在省委机关几乎尽人皆知，传为美谈。①

健民先生对于自己财产的继承问题，有一个非常鲜明的态度，就是不主张为儿女们留什么钱财，他认为精神的东西才是无价之宝，鼓励儿女们自力更生。所以在他去世后，留给儿女的就是陪伴了他大半辈子的书籍。

健民去世的 15 年后，双俊同志也到了托付后事的年纪，对丈夫留给子女的书籍，她在遗嘱中再三交代：

孩子们，你们的好妈妈走了，咱们家也没有什么好东西给你们，留下的主要就是你们的父亲爱看书，虽然咱家的经济困难，但他还是要节余钱常到书店买几本书，看看他留下这一堆书也不好分割，就有（由）炎魁来保存，你们谁想看什么书回来拿，但是看完要送回来，再〔让〕炎魁存起来，不要看完不送要保存书的完正（整）性。

体现健民对待财产继承态度的，有两件典型的事例，一件事是家乡的老屋捐赠，另一件事是遗产捐赠。

1983 年，健民先生将自己土改时期分得的、位于老家阳城的 12 间房子，全部捐给了村集体，让村民办夜校、搞教育。这次捐房事件，当时还引起了他的个别子女和侄辈

---

① 张整魁：《无尽的追思》,《峥嵘岁月———张健民同志专辑》,第 186 页。

的不满。个别子女认为父亲应该把房子按照传统分给儿女们，而侄儿中有人也认为四叔如果用不着老家这些房子，也应该分给需要房子的侄儿，至少也应该将房子出售后，把所得钱款分配给侄儿们，也算是四叔这个"大官"对亲戚的一份情意。当时个别侄儿意见很大，甚至在房屋捐赠时，不愿和四叔一起照相、同桌吃饭、一同乘车。对此，健民先生的态度很坚决，"我捐赠的房子是土改的果实，共产党员不是为了打倒皇帝做皇帝，不是为了推翻剥削阶级而为了自己捞好处。大宁村是我青少年时代生长的地方，我革命一辈子，从未给村里做过任何贡献，我把房子捐赠给村集体，天公地道"。①

1993年开始，阳城县修建跨山西、河南两省的阳（阳城）济（济源）公路，当时已经卧病在床的健民得知家乡要修路后，再三叮嘱老伴和儿女，把自己省吃俭用的10000多元存款，以及他死后的抚恤金，全部捐献给家乡用于修路。健民说："我早年在家乡搞地下工作，整天爬山越河，吃尽了无路的苦头，深知无路的艰难，我要为家乡建设出上最后一把力。"

在健民先生逝世三周年后的1996年11月16日，他的家人带着他的骨灰回到阳城，归葬太岳烈士陵园。同一天，老伴上官双俊遵从健民先生的遗愿，把2万元交到了时任县委书记郭保岗手中。事后，健民先生的捐款被阳济公路

---

① 何清：《无私奉献铸党魂》，《峥嵘岁月——张健民同志专辑》，第148页。

建设指挥部专门用在了油路铺装质量控制方面，算是完成了他生前"为家乡建设出一份力"的夙愿。[①]

在其41年的家庭账记录中，小到1分钱也要入账的习惯，曾让我对健民留下极度节俭甚至抠门的印象，但他最终把自己的积蓄全部捐献，又让我又看到了健民对金钱的豁达态度。

在健民写给妻子儿女的家信中，有这样一段真情流露的内心独白：

> 愈近年老，愈使我不安的只有一条，就是党给我的太多，而我给党做的太少，这中间的差距太大了。因此，我就是到生命结束之时，一直是内疚的，无法补偿的，歉疚！歉疚！[②]

健民那一代共产党人内心有一把标尺，时刻衡量着自己的付出是否与所得匹配，对他们来说，付出远比得到更令人心安。这种感情不是虚伪的，相反是那一代人生命中真实的底色。我想，这种感情是健民留给后辈最大的财富。

---

① 杨军茂：《乡情永不泯 临终仍奉献》，《峥嵘岁月——张健民同志专辑》，第162页。
② 张健民：《对家属的留言》，《峥嵘岁月——张健民同志专辑》，第226页。

尾 声

太原百余年来的商业中心钟楼街在 2021 年重修改造开街之时，举办了一场主题为"流水年华——寻找钟楼街"的大型沉浸式展览活动。策展人黄海波女士是我的好朋友，这场展览的主题是"以一个太原人在钟楼街的消费活动，来还原太原市民半个世纪以来的消费生活，并折射钟楼街一个时代的发展变化"。

因为我收藏的这 12 册账本中，就记录着账本主人张健民老先生一家生活与钟楼街不可分割的故事，于是，它们也出现在了这场展览之中。

张健民老先生曾购买过钟楼街"老鼠窟"的元宵，在钟楼街百年老店"华厚泰"做过衣服，也在"乾和祥"茶庄买过茉莉花茶，在"开明照相馆"照过全家福，领着孩子在"大中戏院"看过戏，还在太原美容厅理过发、在钟楼街合作大楼买过布料、毛线。这一切，都一笔一画、清清楚楚地记录在他的账本里。许多看过展览尤其是看过这些账本的老太原市民，因这些账本中记录的内容，勾起了往昔的生活回忆。

一个普通家庭的生活史，常和一个时代的脉搏紧紧联系在一起，通过阅读个人的生活史，往往能从中找到一个时代的痕迹。这些生活账本，就像一个时光储存罐，把别人没有记下来的或已经忘却的生活，统统地收集、储存下来。从这个意义来说，这些账本已不单单属于张健民老先生个人，也属于生活在那个时期的太原人。

那场展览一共举办了3个月，其间还接待了几位特殊的参观者。

2021年11月24日，张健民先生的外孙女邱永芳女士与丈夫前来参观，作为账本主人的后代，他们有着更为特别的感受。两个人驻足在账本原件的展柜前，认真地阅读着。邱永芳女士指着展柜里的全家福说："那个是我妹妹，就是照片上的小女孩，那时我跟爷爷奶奶下放到农村了，我妹妹跟我妈妈去了姥爷家。她昨天来看的，告诉了我，所以今天我特地来看。我妈妈刚去了上海，不知道账本在这里展览，要知道的话，她一定会来看的。"

"你看账本上，我姥爷给我舅舅买糖，给我妈妈买饼干，都记得特别清楚。"

"我姥爷这个人特别仔细，其实那阵子，他们也算是有钱人，俩人都是省里的干部，工资挺高，但是人口多，生活也得精打细算。"

志愿者问邱女士："在记忆中，你姥爷是怎样一个人呢？"

邱女士说："我几个舅舅下乡时，姥姥跟姥爷说，能不能走个后门，把舅舅们弄回来，去工厂上班。姥爷说坚决不行，这个后门不能走。该下乡下乡，什么时候分配，什么时候算。那个时候我小舅身体不太好，长得瘦瘦的。姥姥背着姥爷找人，才给找了个工作，就让我姥爷知道了，回来可批评我姥姥了。我姥爷有老共产党员身上的可贵的品质，公家的便宜一点不能占，后门也不许走。"

这些账本是亲情的载体、家风的见证，邱永芳女士以上的一番话，就是证明。

通过系统研究健民老先生的账本，我开始思考这样一个看起来有点唯心主义的问题：人死后，灵魂是否继续存在？

按照唯物主义的观点来说，人死如灯灭。人的肉身一旦消失，那么这个人的一切，就从我们这个物质世界消失了。但在我这几年对健民先生账本的研究过程中，却时不时地产生一种奇异的感觉：每当夜深人静的时候，当我逐条逐句、一个数字一个数字地阅读、琢磨这些账本时，总能感觉到一个手夹香烟、面容消瘦的老人的形象时不时地浮现在我眼前。他时而是照护子女的慈爱父亲，时而是关爱妻子的尽责丈夫，时而是热心帮助他人的好领导、好同事、好邻居，时而又是为工作而殚精竭虑的好干部。

通过对于张健民先生账本的深入研究，我们从庞杂的数字之中，读出了彼时彼刻鲜活的社会背景和历史发展脉络：工资制度改革、人口政策调整、政治运动选择、改革开放决策等。小小的账本展现了新中国所经历的探索、曲折、阵痛等过程。政治运动如何影响普通人的生活，也是我们在研究账本时关注的议题。

每一个独立的个体，在历史长河之中总是微小的，但除了帝王事迹和官修史书等宏大叙事，普通个体的"小故事""微景观"，亦可让后人切实触摸到鲜活的历史脉动，这也是微观史研究最有意义之处。

长期以来，在史学研究领域，对民众史的研究明显弱于对精英史的研究，一方面是精英史观的影响，一方面也因史料的缺乏。毕竟对文字、思想的掌控权，都在历朝历代精英阶层手中，而普通民众的生活印迹不易留存。

法国历史学家乔治·杜比说过："历史必须关注社会特有的细节。"[①] 健民的账本，就属于历史特有的细节。我想，健民老先生也许想不到，在他离开世界 30 年之后，还会有两个陌生的年轻人，在深夜温暖的灯光下，通过他的账本，游历他所生活过的世界，并与他进行着隔空对话。

不错，健民老先生已经离开这个世界 30 年了，他那属于物质的身体已经化为尘烟，消散在时间的长河之中。但他那勤学善思的习惯、仗义执言的性情、对党忠诚的品格、护佑家庭的责任心，却汇聚成为一股无形却有力的能量，依然在实实在在地影响着后代子女儿孙，以及如我一般的

---

① ［法］乔治·杜比：《社会史和意识形态》，［法］雅克·勒高夫、
　　［法］皮埃尔·诺拉编《史学研究的新问题、新方法、新对
　　象——法国新史学发展趋势》，郝明玮译，社会科学文献出版
　　社，1988，第 245 页。

陌生人。

由此我开始相信，人死后，是有灵魂存在的。这个灵魂，是一种凭借人格魅力形成的无形精神能量，只要它足够强大，就可能永不消散于世间。

古往今来，无量数的生命曾经出现在这个星球之上。但绝大多数匆匆而来，又匆匆而逝。我想，这些匆匆而过的生命，大都来不及被他人甚至自己好好地凝视、探究过。这是一种悲哀吗？毕竟我们的生命曾在这个星球上闪烁过光芒，哪怕只有一瞬间。

所以，那些得以把自己内心所思所想以文字、图片、影像的形式遗留在世的人，是多么幸运啊。这些遗留在世的信件、日记、文章、图画，承载着其书写者、创作者曾经活过的证据，如同谜题的线索一般，以物质的形式留在了人世间。

或许永远不会有后人留意这些线索，但或许也会有后人发现了这些线索，就如同我在冥冥之中遇到了健民先生记录的这些家庭账本一般。从我手捧着那12本落满灰尘的小小笔记本认真阅读时起，健民先生的灵魂已被拂去尘土，重现在后代面前。从这个角度来讲，人死后是有灵魂的，不但有，而且有可能会继续影响着他人。

当然，与其关注永生，我们更应该做，更力所能及的或许是：第一，审视并发现自己的灵魂；第二，将这个灵魂储存于适当的物质容器——比如日记、书信、文章、图像——之中，留在人间。

然后，在万籁俱寂的黑暗之中，静静等待。 尾
声

2023 年 1 月 27 日初稿于太原

3 月 25 日第一次修改

7 月 1 日改定

图书在版编目(CIP)数据

健民的账本：1952～1993，一位老共产党员的数字
人生 / 刘涛，张宏伟著. -- 北京：社会科学文献出版
社，2023.8（2024.9重印）
　　（年轮）
　　ISBN 978-7-5228-1845-0

　　Ⅰ.①健…　Ⅱ.①刘…②张…　Ⅲ.①社会生活-史
料-中国-1952-1993　Ⅳ.①D669.3

中国国家版本馆CIP数据核字（2023）第121964号

· 年轮 ·

健民的账本
———1952~1993，一位老共产党员的数字人生

著　　者 / 刘　涛　张宏伟

出 版 人 / 冀祥德
责任编辑 / 石　岩
责任印制 / 王京美

出　　版 / 社会科学文献出版社·历史学分社（010）59367256
　　　　　　地址：北京市北三环中路甲29号院华龙大厦　邮编：100029
　　　　　　网址：www.ssap.com.cn
发　　行 / 社会科学文献出版社（010）59367028
印　　装 / 三河市东方印刷有限公司

规　　格 / 开　本：889mm×1194mm 1/32
　　　　　　印　张：8.125　插　页：0.25　字　数：155千字
版　　次 / 2023年8月第1版　2024年9月第3次印刷
书　　号 / ISBN 978-7-5228-1845-0
定　　价 / 70.00元

读者服务电话：4008918866